Assessoria de negócios: do tradicional ao digital

inter
saberes

Assessoria de negócios: do tradicional ao digital

Rafaela Aparecida de Almeida
Flávia Roberta Fernandes

inter saberes

Rua Clara Vendramin, 58 - Mossunguê
CEP 8120-170 - Curitiba - Paraná - Brasil
Fone: (41) 2106-4170
www.intersaberes.com
editora@intersaberes.com

Dados Internacionais de Catalogação na Publicação (CIP)
(Câmara Brasileira do Livro, SP, Brasil)

Almeida, Rafaela Aparecida de
Assessoria de negócios: do tradicional ao digital/Rafaela Aparecida de Almeida, Flávia Roberta Fernandes. Curitiba: InterSaberes, 2021.

Bibliografia.
ISBN 978-65-5517-993-4

1. Assessoria empresarial 2. Competências 3. Secretariado executivo 4. Tecnologia I. Fernandes, Flávia Roberta. II. Título.

21-58314 CDD-651.3741

Índice para catálogo sistemático:
1. Secretariado executivo: Serviços de escritório: Administração 651.3741

Cibele Maria Dias - Bibliotecária - CRB-8/9427

1ª edição, 2021.

Foi feito o depósito legal.

Sumário

Ao meu pai, Anivaldo, pelo incentivo e apoio em cada etapa de minha vida, à minha mãe, Regiane (*in memoriam*), e à minha irmã, Renata.

Rafaela Aparecida de Almeida

Aos meus maiores incentivadores: meu pai, Antonio, minha mãe, Clarice, e minha irmã, Fernanda.

Flávia Roberta Fernandes

Ao meu pai, Anivaldo, por ser meu exemplo de força e caráter e por me incentivar, desde muito cedo, à dedicação aos estudos, sempre me apoiando no sonho de seguir na vida acadêmica. À minha irmã, Renata, por ser minha parceira incondicional em todos os momentos. À minha mãe, Regiane (*in memorian*), por me ensinar a ser forte. Aos meus queridos amigos, por compreenderem minhas ausências e sempre me cobrirem com palavras de incentivo. Em especial, à Flávia Roberta, que tanto tem me ensinado a respeito de amizade e companheirismo, e a Vanderleia Stece de Oliveira, por me mostrar a doçura de viver.

Rafaela Aparecida de Almeida

A Deus, pelas oportunidades únicas vividas até aqui. À minha família, por apoiar meus mais loucos sonhos e projetos. À Rafaela Almeida, pela doce amizade e pelos incontáveis gestos de empatia em meio a tantos desafios que já vivemos juntas. Aos queridos amigos e profissionais que nos auxiliaram na materialização de todo este conhecimento. E, em especial, à Vanderleia Stece de Oliveira, por acreditar em mim e me mostrar a beleza da caminhada docente.

Flávia Roberta Fernandes

Prefácio

Livros são muito mais que meios para a elaboração de conhecimento, pautados em teorias, técnicas ou experimentações – são verdadeiros fragmentos da alma do autor.

Ninguém pode dar ao outro aquilo que não tem. Ao escrever uma obra, seus autores entregam muito mais que conceitos. Entregam memórias construídas ao longo de suas trajetórias, onde experiências pessoais e profissionais se encontram e a mágica da vida se transforma na mais desafiadora e intrigante realidade. Entregam, além de sua própria energia manifestada em cada palavra, também a energia de seus familiares e pessoas queridas, que atuam silenciosamente nos bastidores cuidando das questões práticas da vida para que possam dedicar-se com todo afinco à sua criação. Entregam expectativas e o desejo sincero de contribuir com aqueles que estão iniciando a trajetória, a fim de que possam, a partir de tudo que já foi construído, seja por amor, seja pela dor, caminhar mais rápido e com mais força pela estrada ininterrupta da evolução. E com esta obra não poderia ser diferente.

Este livro aborda majestosamente o caminho trilhado por muitos profissionais que dedicaram partes importantes de suas vidas à arte de assessorar. Percorrendo os recortes sabiamente escolhidos pelas autoras para retratar o universo da assessoria, é possível perceber, em cada época, a dedicação e o esforço de vários profissionais para transformar o que talvez muitos ainda vejam como uma profissão pautada em valores bem sedimentados.

Ao mesmo tempo em que conduzem o leitor pela história da arte de assessorar, as autoras Flávia e Rafaela constroem pontes alicerçadas nos desafios emergentes da contemporaneidade e que conduzem a um cenário repleto de possibilidades advindas das tecnologias da informação e comunicação.

A dinâmica da vida consiste em evoluirmos continuamente. Somos todos importantes mecanismos nessa grande engrenagem. Quando uma profissão evolui, não leva consigo apenas técnicas e novas maneiras de realizar uma atividade, mas transforma tudo e todos à sua volta, pois interfere no modo como passamos a ver, sentir e experimentar a realidade.

A ideia de tempo e espaço desafia continuamente mentes e corações a encontrar maneiras de utilizar com sabedoria nossos recursos físicos, emocionais, mentais e espirituais, e esse talvez seja um dos maiores desafios da área de assessoria, cujos possíveis caminhos são aqui apontados.

Assim como em toda obra construída com amor, as almas de Flávia e Rafaela estão expressas nas linhas e entrelinhas desta produção. Quem as conhece sabe que são profissionais extremamente dedicadas ao seu ofício e que não se contentam em apenas fazer: precisam fazer o melhor. Dessa forma, não medem esforços para entregar tudo que sabem e para continuar aprendendo cada dia mais. Doutorandas, mestras, professoras, conselheiras, amigas, filhas, seres de luz. Almas que se encontraram nesta vida pela sincronicidade de suas missões e pelo brilho emanado da generosidade, do carisma e do amor que irradiam de seus corações. Muito mais que excelentes profissionais, são mulheres fortes que se complementam e se aproximam em suas diferenças e similaridades.

Tenho certeza de que, assim como jamais faltou um ombro amigo, um colo, uma palavra de luz a todos os alunos e companheiros de jornada de Flávia e Rafaela, neste livro você também será agraciado e transformado, se assim se permitir, pelas palavras e experiências aqui compartilhadas.

Esta obra manifesta a essência de tudo que sustentou até aqui o universo da assessoria, sinaliza os desafios e as possibilidades atuais e abre caminho para você, caro leitor, construir, quem sabe, o próximo capítulo desta história.

Desejo que esta leitura seja um lindo e leve encontro de almas.

Divirta-se!

Com um amor que não cabe no peito,
Vanderleia Stece de Oliveira

Apresentação

As civilizações se originaram e se estabeleceram em razão de constantes transformações. As transições sociais, econômicas, políticas e tecnológicas ocorridas durante as revoluções sociais e as eras empresariais impulsionaram o desenvolvimento das organizações em seus processos de gestão, comportamentos institucionais, desenvolvimento de produtos e serviços, e modificaram a maneira como as marcas se posicionam no mercado e se relacionam com fornecedores, parceiros e clientes externos e internos.

A era da informação conduziu a sociedade e, consequentemente, as organizações a uma importante valorização do conhecimento como estratégia e diferencial competitivo. Do mesmo modo, as tecnologias da informação e comunicação modificaram as formas de atuação das organizações e de seus colaboradores. A conectividade diminuiu as barreiras geográficas, expandiu e popularizou o acesso a produtos e serviços de maneira virtual e ampliou os espaços de trabalho, antes restritos a um local fixo.

No entanto, apesar das transformações que as organizações enfrentaram, a relevância e a atuação de certos profissionais acompanharam conjuntamente essa evolução. Em tempos remotos, eles dominavam a escrita, compilavam fatos, organizavam o registro de documentos políticos e econômicos e, também, atuavam com sigilo, tendo em vista o teor das informações que detinham, os documentos que registravam e os contextos em que estavam inseridos.

No âmbito do tema abordado neste livro, discorreremos sobre aqueles que acompanharam rapidamente, de forma polivalente e resiliente, período após período, as exigências do mercado, até o atual cenário de virtualização e conectividade: os profissionais da assessoria. Para isso, traçaremos um panorama histórico, remontando à época dos escribas, perpassando pelos profissionais de secretariado, até chegarmos ao atual assessor virtual.

Esta obra foi dividida em cinco capítulos, cada um deles desenvolvido de maneira linear e orgânica, a fim de proporcionar ao leitor a construção de um entendimento robusto sobre a área, desde suas bases históricas até suas transformações e tendências no contexto contemporâneo.

No Capítulo 1, abordamos o panorama histórico da profissão de secretariado executivo, a qual é considerada, neste livro, a base da assessoria de negócios. Também apresentamos a evolução do ofício, seu reconhecimento por meio das regulamentações e legislações brasileiras, bem como o perfil do profissional de assessoria.

No Capítulo 2, tratamos dos cinco eixos da assessoria. O primeiro deles, a assessoria técnico-tática ou operacional, está relacionado ao uso das técnicas e tecnologias secretariais, das ferramentas profissionais e às rotinas básicas de escritório. O segundo, a assessoria gerencial, tem como foco a assessoria de negócios, na qual os assessores podem atuar com executivos ou profissionais liberais. O terceiro, a assessoria intelectual, aborda o papel das assessorias na elaboração e na execução de atividades intelectuais. O quarto eixo é direcionado às práticas secretariais que extrapolam o ambiente organizacional, estabelecendo relações com outras áreas do conhecimento. Por fim, o quinto eixo trata do trabalho de assessores no ambiente virtual e remoto.

No Capítulo 3, discutimos as transformações que a tecnologia e a conectividade provocaram na profissão de assessoria, permitindo sua ampliação à assessoria virtual. Para tanto, evidenciamos os benefícios às organizações e aos profissionais no desenvolvimento de atividades de forma remota, além de delinearmos etapas para o início e/ou aprimoramento da carreira do assessor virtual. Paralelamente, indicamos os serviços e as atividades que podem ser desenvolvidos, os setores e as áreas de atuação, bem como as formas de trabalhar.

No Capítulo 4, analisamos processos e técnicas que podem auxiliar na prática diária do assessor virtual, assim como ferramentas para a execução de atividades de modo remoto, facilitadas pela conectividade da internet.

Por fim, no Capítulo 5, examinamos o setor de eventos, a diferenciação entre sua tipologia e suas características , além de seu desenvolvimento e sua inserção no ambiente virtual. A partir da discussão sobre os eventos virtuais, comentamos seu planejamento e sua estruturação em três etapas: pré-evento, realização e pós-evento. Ademais, demonstramos formas e fontes de captação de recursos, bem como estratégias para a divulgação e a comunicação com o público-alvo.

Em suma, os temas debatidos em cada capítulo visam apresentar ao leitor a profissão de assessoria, fornecendo-lhe subsídios para pensar sua atuação em um cenário de constantes mudanças e adequações ao contexto virtual.

Como aproveitar ao máximo este livro

Empregamos nesta obra recursos que visam enriquecer seu aprendizado, facilitar a compreensão dos conteúdos e tornar a leitura mais dinâmica. Conheça a seguir cada uma dessas ferramentas e saiba como elas estão distribuídas no decorrer deste livro para bem aproveitá-las.

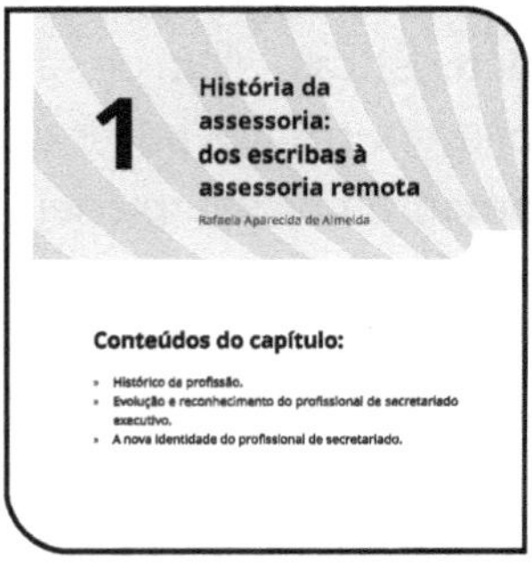

1
História da assessoria: dos escribas à assessoria remota
Rafaela Aparecida de Almeida
Conteúdos do capítulo:
» Histórico da profissão.
» Evolução e reconhecimento do profissional de secretariado executivo.
» A nova identidade do profissional de secretariado.

Conteúdos do capítulo

Logo na abertura do capítulo, relacionamos os conteúdos que nele serão abordados.

Após o estudo deste capítulo você será capaz de:

Antes de iniciarmos nossa abordagem, listamos as habilidades trabalhadas no capítulo e os conhecimentos que você assimilará no decorrer do texto.

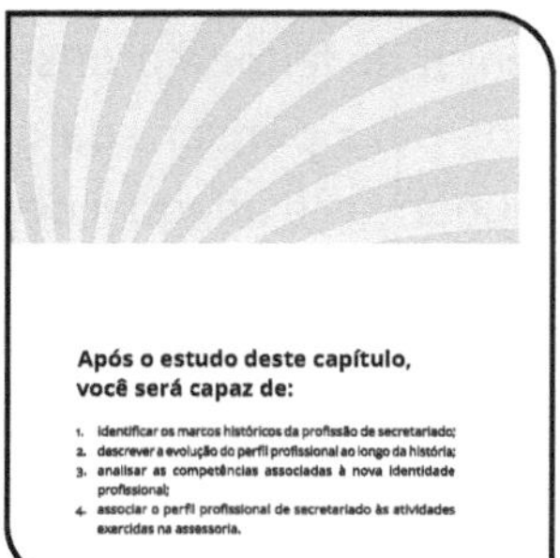

Após o estudo deste capítulo, você será capaz de:
1. identificar os marcos históricos da profissão de secretariado;
2. descrever a evolução do perfil profissional ao longo da história;
3. analisar as competências associadas à nova identidade profissional;
4. associar o perfil profissional de secretariado às atividades exercidas na assessoria.

Preste atenção!

A relação de trabalho com o assessor virtual pauta-se na prestação de serviço, diferentemente da relação estabelecida entre empregador e funcionário na modalidade de teletrabalho.

A modalidade de teletrabalho foi inserida na Consolidação das Leis Trabalhistas (CLT) pela Lei n. 13.467, de 13 de julho de 2017. No art. 75-B, Capítulo II-A, o teletrabalho é definido como "a prestação de serviços preponderantemente fora das dependências do empregador, com a utilização de tecnologias de informação e de comunicação que, por sua natureza, não se constituam como trabalho externo" (Brasil, 2017).

Em seguida, no art. 75-C, apresenta-se a necessidade de indicação e registro da modalidade no contrato de trabalho estabelecido entre as partes (empregador e empregado): "a prestação de serviços na modalidade de teletrabalho deverá constar expressamente do contrato individual de trabalho, que especificará as atividades que serão realizadas pelo empregado" (Brasil, 2017).

Nesse sentido, a modalidade de teletrabalho ocorre entre organizações que autorizam a realização das atividades de seus funcionários fora das dependências da empresa.

93

Preste atenção!

Apresentamos informações complementares a respeito do assunto que está sendo tratado.

Curiosidade

Nestes boxes, apresentamos informações complementares e interessantes relacionadas aos assuntos expostos no capítulo.

Curiosidade

No decorrer da **Segunda Revolução Industrial**, que teve início em 1860, surgiram as primeiras máquinas de escrever, criadas por Christopher Sholes.

Em 1950, para comemorar o centenário de nascimento de sua filha, Lilian Sholes, algumas empresas fabricantes de máquinas de escrever promoveram diversos eventos, entre eles alguns concursos para a eleição da melhor datilógrafa.

Muitas secretárias participavam desses concursos, que começaram a se repetir anualmente, no dia 30 de setembro. Por essa razão, a data ficou conhecida como o Dia das Secretárias (Fenassec, 2021).

Essa retomada ao passado nos permite analisar a maneira como os contextos históricos foram desenhando a profissão de secretário de acordo com as necessidades de cada época. Maia e Oliveira (2015) destacam que as transformações nas relações sociais e nos modelos econômicos afetam diretamente a organização do trabalho, não ocorrendo da noite para o dia, tampouco desconectadas da realidade. Assim, o cenário da profissão de secretário, até então essencialmente masculino, começa a mudar com a Primeira Guerra Mundial (1914-1918) e se consolida

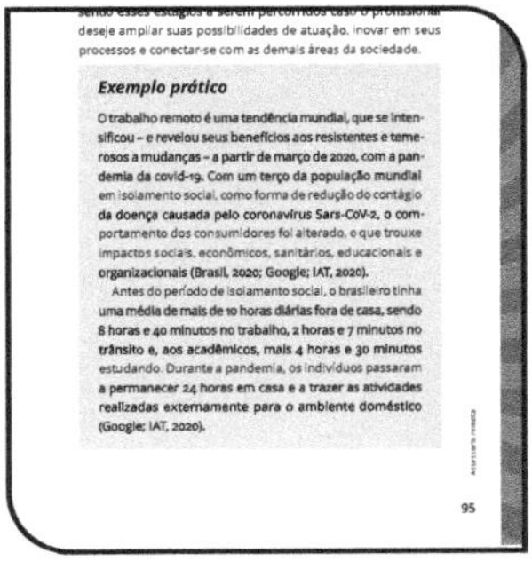

deseje ampliar suas possibilidades de atuação, inovar em seus processos e conectar-se com as demais áreas da sociedade.

Exemplo prático

O trabalho remoto é uma tendência mundial, que se intensificou – e revelou seus benefícios aos resistentes e temerosos a mudanças – a partir de março de 2020, com a pandemia da covid-19. Com um terço da população mundial em isolamento social, como forma de redução do contágio da doença causada pelo coronavírus Sars-CoV-2, o comportamento dos consumidores foi alterado, o que trouxe impactos sociais, econômicos, sanitários, educacionais e organizacionais (Brasil, 2020; Google; IAT, 2020).

Antes do período de isolamento social, o brasileiro tinha uma média de mais de 10 horas diárias fora de casa, sendo 8 horas e 40 minutos no trabalho, 2 horas e 7 minutos no trânsito e, aos acadêmicos, mais 4 horas e 30 minutos estudando. Durante a pandemia, os indivíduos passaram a permanecer 24 horas em casa e a trazer as atividades realizadas externamente para o ambiente doméstico (Google; IAT, 2020).

95

Exemplo prático

Nesta seção, articulamos os tópicos em pauta a acontecimentos históricos, casos reais e situações do cotidiano a fim de que você perceba como os conhecimentos adquiridos são aplicados na prática e como podem auxiliar na compreensão da realidade.

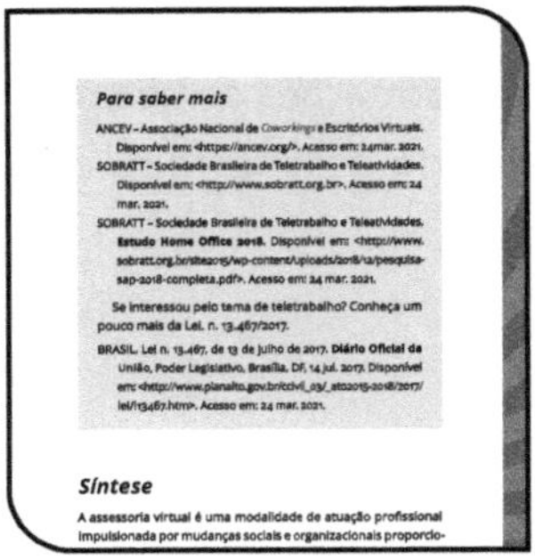

Para saber mais

ANCEV – Associação Nacional de *Coworkings* e Escritórios Virtuais. Disponível em: <https://ancev.org/>. Acesso em: 24mar. 2021.

SOBRATT – Sociedade Brasileira de Teletrabalho e Teleatividades. Disponível em: <http://www.sobratt.org.br>. Acesso em: 24 mar. 2021.

SOBRATT – Sociedade Brasileira de Teletrabalho e Teleatividades. **Estudo Home Office 2018.** Disponível em: <http://www.sobratt.org.br/site2015/wp-content/uploads/2018/12/pesquisa-sap-2018-completa.pdf>. Acesso em: 24 mar. 2021.

Se interessou pelo tema de teletrabalho? Conheça um pouco mais da Lei. n. 13.467/2017.

BRASIL. Lei n. 13.467, de 13 de julho de 2017. **Diário Oficial da União**, Poder Legislativo, Brasília, DF, 14 jul. 2017. Disponível em: <http://www.planalto.gov.br/ccivil_03/_ato2015-2018/2017/lei/l13467.htm>. Acesso em: 24 mar. 2021.

Síntese

A assessoria virtual é uma modalidade de atuação profissional impulsionada por mudanças sociais e organizacionais proporcio-

Para saber mais

Sugerimos a leitura de diferentes conteúdos digitais e impressos para que você aprofunde sua aprendizagem e siga buscando conhecimento.

Síntese

Ao final de cada capítulo, relacionamos as principais informações nele abordadas a fim de que você avalie as conclusões a que chegou, confirmando-as ou redefinindo-as.

Síntese

Para melhor explicar a ciência da assessoria, baseamo-nos, neste capítulo, nos quatro eixos propostos por Nonato Júnior (2009): **assessoramento, assessorexe, assessorística e assessorab. Ao apresentar cada um deles, traçamos um paralelo entre** uma abordagem mais conceitual e uma abordagem prática, voltada à realidade empresarial. Acrescentamos, ainda, um quinto **eixo, a assessovirtu, fruto de uma nova realidade tecnológica** vivenciada pelos assessores e de novas demandas por parte de **profissionais liberais, que optam por focar em suas atividades** principais, terceirizando atividades de cunho administrativo e operacional.

Após o estudo deste capítulo, você será capaz de:

1. identificar os marcos históricos da profissão de secretariado;
2. descrever a evolução do perfil profissional ao longo da história;
3. analisar as competências associadas à nova identidade profissional;
4. associar o perfil profissional de secretariado às atividades exercidas na assessoria.

Neste primeiro capítulo, abordaremos a evolução das atividades e do perfil do profissional de secretariado. Ao analisarmos a trajetória de um ofício tão antigo, veremos que muitas de suas transformações tiveram como pano de fundo guerras e revoluções comerciais, industriais e tecnológicas. Assim, a partir de uma análise histórica e epistemológica dessa evolução, lançaremos as bases para, mais adiante, aprofundarmo-nos no tema da assessoria empresarial, foco principal de nosso livro.

1.1 Retornando às origens

Nossa contextualização contemplará quatro importantes marcos históricos do secretariado executivo, apresentados na linha do tempo a seguir (Figura 1.1).

Figura 1.1 – Linha do tempo do secretariado

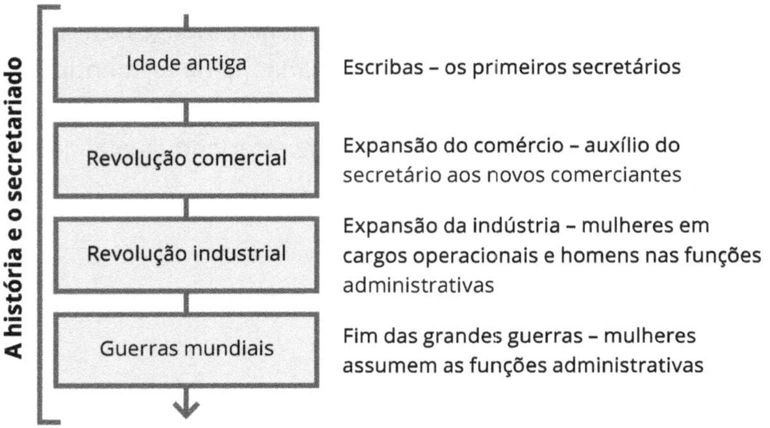
A história e o secretariado
Idade antiga
Escribas – os primeiros secretários
Revolução comercial
Expansão do comércio – auxílio do secretário aos novos comerciantes
Revolução industrial
Expansão da indústria – mulheres em cargos operacionais e homens nas funções administrativas
Guerras mundiais
Fim das grandes guerras – mulheres assumem as funções administrativas

Fonte: Elaborado com base em Bond; Oliveira, 2009.

A palavra secretário(a) tem origem latina e deriva dos termos secretarium, que quer dizer "lugar retirado", "retido", "solidão", e "*secretum*/secreta", que significa "particular", "segredo", "mistério" (Bond; Oliveira, 2009). Assim, remete-nos a uma profissão pautada no sigilo e na guarda de informações.

Na **Idade Antiga**, o primeiro marco da história dos secretários é representado pelos escribas, no Egito. A palavra *escriba* (*sesh*, na língua egípcia), por sua vez, está vinculada ao título conferido aos poucos privilegiados da época que sabiam ler e escrever e trabalhavam diretamente com essa ocupação, passada de pai para filho. A principal atividade dos escribas era a reprodução de documentos e redação de cartas, tratados e alianças entre os Estados, levando em consideração os hábitos de cada reino (Pozzer, 1998-1999).

Nonato Júnior (2009) ressalta o domínio dos conteúdos intelectuais pelos escribas, que os utilizavam para assessorar regentes da política, da filosofia e da guerra. Para além da escrita, pela qual são conhecidos, eles exerciam as funções de copista, contador, geógrafo, arquivista, historiador e linguista. Ademais, por estarem próximos às lideranças, atuavam como guerreiros, acompanhando seus líderes em batalhas e viagens exploratórias, e seus registros auxiliavam na elaboração de estratégias voltadas a conquistas de novos territórios.

Finalmente, os escribas também dominavam a arte da taquigrafia – método de abreviação ou simbologia com o objetivo de aprimorar a velocidade da escrita. Por serem dotados de tanto conhecimento, muitos desses secretários passaram a exercer cargos públicos ou se tornaram eruditos, filósofos e professores.

Um segundo marco na profissão de secretariado é a **Revolução Comercial**, entre os séculos XVI e XVIII. Nesse período, ocorreram muitas transformações na Europa, incluindo a passagem do medievo para a Idade Moderna, a expansão ultramarina e as alterações nas relações econômicas, com a globalização do comércio (favorecida por mudanças na agricultura e na indústria) e a moeda assumindo posição de elemento fundamental na economia.

Esse processo culminou no crescimento dos centros urbanos, no surgimento e na expansão de muitas cidades comerciais e industriais (Hunt; Sherman, 2008). Então, com a ampliação da produção e do comércio, surge uma demanda por novas técnicas contábeis e por assessoramento aos novos comerciantes, abrindo espaço para a função de secretário – naquele momento, ainda exercida exclusivamente por homens.

Avançando no tempo, chegamos à **Primeira Revolução Industrial**. Com início na Inglaterra, por volta de 1760, foi uma época caracterizada pela elevação da produtividade do trabalho a níveis sem precedentes na história, pela multiplicação das fábricas e pela ampla utilização de máquinas, a base mecânica dos ganhos de produtividade (Hunt; Sherman, 2008).

Nesse contexto, segundo Hunt e Sherman (2008), o emprego de mulheres e crianças nas fábricas era comum, por diversas razões. A primeira delas era o fato de que a divisão do trabalho foi simplificada e rotinizada de tal modo que a maioria das operações produtivas podia ser executada por elas tão bem quanto pelos homens. O segundo motivo é que seus salários eram muito inferiores àqueles pagos aos homens. Assim, em um cenário em que mulheres se ocupavam de funções operacionais, cabia aos homens as funções administrativas e organizacionais.

Curiosidade

No decorrer da **Segunda Revolução Industrial**, que teve início em 1860, surgiram as primeiras máquinas de escrever, criadas por Christopher Sholes.

Em 1950, para comemorar o centenário de nascimento de sua filha, Lilian Sholes, algumas empresas fabricantes de máquinas de escrever promoveram diversos eventos, entre eles alguns concursos para a eleição da melhor datilógrafa.

Muitas secretárias participavam desses concursos, que começaram a se repetir anualmente, no dia 30 de setembro. Por essa razão, a data ficou conhecida como o **Dia das Secretárias** (Fenassec, 2021).

Essa retomada ao passado nos permite analisar a maneira como os contextos históricos foram desenhando a profissão de secretário de acordo com as necessidades de cada época. Maia e Oliveira (2015) destacam que as transformações nas relações sociais e nos modelos econômicos afetam diretamente a organização do trabalho, não ocorrendo da noite para o dia, tampouco desconectadas da realidade. Assim, o cenário da profissão de secretário, até então essencialmente masculino, começa a mudar com a Primeira Guerra Mundial (1914-1918) e se consolida na Segunda Guerra Mundial (1939-1945).

Ao final da Primeira Guerra, as perdas humanas foram inúmeras, principalmente de homens na faixa de 19 a 40 anos, o que provocou o envelhecimento da população e o aumento da proporção de mulheres (Araripe, 2006); o mesmo cenário se repetiu na Segunda Guerra Mundial. Foi a partir desse momento, portanto, que as mulheres começaram a assumir cargos administrativos e que a função de secretária passou a ser predominantemente feminina.

1.2 Evolução do secretariado no Brasil

Com o fim da Segunda Guerra Mundial, as indústrias, principalmente as automotivas (Ford, Volkswagen, General Motors), passaram a atuar de forma intensa no mercado mundial. No Brasil, entre as décadas de 1950 e 1960, instalaram-se as primeiras multinacionais, trazidas por Juscelino Kubitschek.

Maia e Oliveira (2015, p. 26) destacam que, nesse período, "a secretária se tornou um símbolo de *status* gerencial", sendo comum que executivos de grandes multinacionais tivessem uma secretária exclusiva para realizar atividades de cunho essencialmente operacional, tais como datilografar documentos e textos, organizar arquivos, atender telefone, anotar recados e servir café.

A década de 1970 foi um dos principais marcos na evolução do secretariado. As secretárias ganharam maior autonomia em suas tarefas, e passaram a participar de reuniões com seus gestores, ficando responsáveis pela redação de atas, pela supervisão dos trabalhos de equipes de serviços administrativos e pelo domínio de outros idiomas (Prado, 2019).

A consolidação da profissão encorajou a organização de movimentos de classe do secretariado. O primeiro deles, conhecido como Clube das Secretárias do Rio de Janeiro, foi fundado em 16 de dezembro de 1965 e tinha como objetivo o incentivo ao aprimoramento cultural das associadas, o intercâmbio de conhecimento a respeito das práticas secretariais e da ética profissional, bem como a conscientização e o agrupamento da classe. A partir daí, outros estados, como Bahia, Ceará, Espírito Santo, Maranhão, Pará, Paraná e Sergipe, também criaram suas associações, o que culminou na criação de um órgão nacional para coordenar o grupo. Assim, em 7 de setembro de 1976, surge a ABES – Associação Brasileira de Entidades Secretariais (Prado, 2019).

1.2.1 Regulamentação da profissão no Brasil

A partir da década de 1970, o secretariado começa a ser regulamentado no Brasil, inicialmente com uma legislação que dispõe sobre as atividades dos secretários e, posteriormente, sobre o exercício, de fato, da profissão, diferenciando as atribuições do secretário executivo daquelas desenvolvidas pelos técnicos.

Em 26 de outubro de 1977, o Estado de São Paulo promulgou a Lei Estadual n. 1.421, que institui oficialmente o Dia da Secretária, com comemoração anual no dia 30 de setembro, em homenagem a Lilian Scholes, a primeira mulher a datilografar em público (São Paulo, 1977).

Em 5 de setembro de 1978, foi promulgada, em âmbito federal, a Lei n. 6.556, que dispõe sobre a atividade de secretário, definindo suas atribuições aos portadores de certificado de conclusão do curso regular de secretariado, em nível de 2º grau (Brasil, 1978).

> Art. 3º São atribuições do Secretário:
>
> a) executar tarefas relativas à anotação e redação, inclusive em idiomas estrangeiros;

> b) datilografar e organizar documentos;
>
> c) outros serviços de escritório, tais como: recepção, registro de compromissos e informações, principalmente junto a cargos diretivos da organização.
>
> Parágrafo único – O Secretário procederá segundo normas específicas rotineiras, ou de acordo com seu próprio critério, visando a assegurar e agilizar o fluxo dos trabalhos administrativos da empresa. (Brasil, 1978)

A década de 1980 também teve marcos importantes. O primeiro que destacamos é a promulgação da Lei n. 7.377, de 30 de setembro de 1985, a qual dispõe sobre o exercício da profissão de secretário e define suas atribuições:

> Art. 4º São atribuições do Secretário Executivo:
>
> I – planejamento, organização e direção de serviços de secretaria;
>
> II – assistência e assessoramento direto a executivos;
>
> III – coleta de informações para a consecução de objetivos e metas de empresas;
>
> IV – redação de textos profissionais especializados, inclusive em idioma estrangeiro;
>
> V – interpretação e sintetização de textos e documentos;
>
> VI – taquigrafia de ditados, discursos, conferências, palestras de explanações, inclusive em idioma estrangeiro;
>
> VII – versão e tradução em idioma estrangeiro, para atender às necessidades de comunicação da empresa;
>
> VIII – registro e distribuição de expedientes e outras tarefas correlatas;
>
> IX – orientação da avaliação e seleção da correspondência para fins de encaminhamento à chefia;
>
> X – conhecimentos protocolares. (Brasil, 1985)

Ainda de acordo com a referida lei,

> Art. 5º São atribuições do Técnico em Secretariado:
> I – organização e manutenção dos arquivos de secretaria;
> II – classificação, registro e distribuição da correspondência;
> III – redação e datilografia de correspondência ou documentos de rotina, inclusive em idioma estrangeiro;
> IV – execução de serviços típicos de escritório, tais como recepção, registro de compromissos, informações e atendimento telefônico. (Brasil, 1985)

O segundo deles é a criação, em 31 de agosto de 1988, da Federação Nacional das Secretárias e Secretários (Fenassec), na cidade de Curitiba/PR. Trata-se de uma entidade sindical de segundo grau, de direito privado, sem fins lucrativos, representativa da categoria secretarial em todo o território nacional e legalmente reconhecida pelo Ministério do Trabalho em 7 de março de 1990.

Finalmente, em 7 de julho de 1989, foi publicado no Diário Oficial da União o Código de Ética do Profissional do Secretariado (Fenassec, 1989). Utilizado até os dias atuais, trata-se de instrumento básico para o direcionamento correto da atuação dos secretários e das secretárias, e seus objetivos são fixar normas de procedimento no desempenho do ofício e regular as relações dos profissionais com a própria categoria, com os poderes públicos e com a sociedade. É dividido em oito capítulos (Fenassec, 1989):

- » Capítulo I – Dos Princípios Fundamentais;
- » Capítulo II – Dos Direitos;
- » Capítulo III – Dos Deveres Fundamentais;
- » Capítulo IV – Do Sigilo Profissional;
- » Capítulo V – Das Relações entre Profissionais Secretários;

» Capítulo VI – Das Relações com a Empresa;
» Capítulo VII – Das Relações com as Entidades da Categoria;
» Capítulo VIII – Da Obediência, Aplicação e Vigência do Código de Ética.

Os anos 1990, por sua vez, trouxeram grandes avanços tecnológicos, tais como os computadores de mesa e o advento da internet, que permitiram maior acesso a informações e troca eletrônica de mensagens. Diante desse cenário, nasce um novo perfil para os profissionais de secretariado, que deixam de lado muitas das atividades operacionais e passam a atuar como gestores, empreendedores e consultores.

Nesse contexto, em 10 de janeiro de 1996, foi promulgada a Lei n. 9.261, que altera a redação de alguns trechos da Lei n. 7.377, a saber: incisos I e II do art. 2°; *caput* do art. 3°; inciso VI do art. 4°; e parágrafo único do art. 6°. Nela, diferencia-se o secretário executivo do técnico em secretariado:

> Art. 2° [...]
>
> I – Secretário Executivo:
>
> a) o profissional diplomado no Brasil por curso superior de Secretariado, legalmente reconhecido, ou diplomado no exterior por curso superior de Secretariado, cujo diploma seja revalidado na forma da lei;
>
> b) portador de qualquer diploma de nível superior que, na data de início da vigência desta Lei, houver comprovado, através de declarações de empregadores, o exercício efetivo, durante pelo menos trinta e seis meses, das atribuições mencionadas no art. 4° desta Lei;
>
> II – Técnico em Secretariado:
>
> a) o profissional portador de certificado de conclusão de curso de Secretariado, em nível de 2° grau;

> b) o portador de certificado de conclusão do 2º grau que, na data da vigência desta Lei, houver comprovado, através de declarações de empregadores, o exercício efetivo, durante pelo menos trinta e seis meses, das atribuições mencionadas no art. 5º desta Lei. (Brasil, 1996)

A chegada dos anos 2000 consolida o avanço das chamadas *inovações disruptivas*, entre as quais figuram: o computador portátil (*laptop*), que passou a substituir os computadores de mesas; as câmeras digitais e os aparelhos celulares, que permitiram a comunicação com pessoas externas aos escritórios; melhorias nas redes de internet e troca de dados, realizadas, a partir daquele momento, por *e-mail* e mensagens de celular.

Tal processo de disrupção foi acentuado a partir dos anos 2010, com o surgimento da chamada *era da comunicação e do conhecimento* e o advento de tecnologias como a robótica, a realidade aumentada, a inteligência artificial, o *big data* e a Internet das Coisas (*Internet of Things*). Elas tornaram o mundo ainda mais conectado e automatizado, mudando a dinâmica da comunicação e a forma de gestão das organizações.

1.3 A nova identidade do profissional de secretariado

Retomar historicamente a evolução do perfil do profissional de secretariado nos permite associar as transformações do mundo às novas competências exigidas da profissão. Vimos a passagem de uma profissão masculina a uma predominantemente feminina, de uma legislação direcionada às atividades do secretário à regulamentação da profissão, e da simples realização de rotinas administrativas às atividades estratégicas.

O novo perfil do secretariado é o de um profissional polivalente, com visão holística, que agrega valor à organização na qual está inserido por ser capaz de associar as três **dimensões da competência**: conhecimento, habilidade e atitude. De acordo com Durand (2000), o **conhecimento** é voltado ao saber adquirido (conceitos, informações, técnicas, teorias e metodologias relacionadas ao trabalho); a **habilidade** é o saber fazer (quando colocamos o conhecimento adquirido em prática); e a **atitude** está relacionada ao querer fazer (a identidade e o comportamento frente aos pares, superiores e subordinados).

Assim, atividades relacionadas à rotina administrativa, tais como recepção, arquivamento, redação de documentos oficiais, organização de reuniões e viagens, continuam a fazer parte do dia a dia do profissional, mas agora estão intimamente ligadas aos avanços tecnológicos, com uso de *e-mail*, organização e realização de reuniões virtuais e emprego de tecnologias associadas à gestão do tempo e de tarefas. A essas tarefas somaram-se as atividades estratégicas, que envolvem planejamento, liderança, assessoria, negociação, comunicação, empreendedorismo, flexibilidade e tomada de decisão. Dessa forma, temos um profissional completo, dotado de competências técnicas, atitudinais, relacionais e analíticas, conforme representado na Figura 1.2.

Figura 1.2 – Competências do profissional de secretariado

Fonte: Elaborado com base em Sampaio, 2018; Durante, 2012.

1.3.1 Competências técnicas

As competências de ordem técnica estão relacionadas ao saber fazer, à realização das atividades administrativas, entre as quais se destacam:

» **Domínio das rotinas secretariais**: redação empresarial; documentação e arquivologia; recepção; relações públicas; organização de reuniões e eventos, tanto presenciais quanto virtuais; domínio de cerimonial e protocolo; uso de ferramentas para organização de agenda, gestão do tempo e organização de viagens.

» **Etiqueta profissional, social e netiqueta**: relacionam-se à discrição e ao profissionalismo, a fim de causar boa impressão, tanto na apresentação pessoal quanto nas comunicações interna e externa, via *e-mails*, telefone ou *softwares* de troca de mensagens.

» **Domínio de idiomas**: vivemos em um mundo globalizado. Não raro, um profissional de secretariado recepciona clientes, fornecedores e gestores de outros países. Viagens internacionais acompanhando seus gestores também podem ser necessárias, assim como assessoria a expatriados.

» **Comunicação**: o profissional de secretariado está diretamente ligado aos diferentes níveis organizacionais, servindo, muitas vezes, como o fio condutor da comunicação entre as áreas estratégicas e gerenciais e as operacionais, o que demanda saber expressar-se bem, com clareza e adaptabilidade aos seus diferentes interlocutores.

» **Negociação**: a otimização de custos, em geral, figura entre as atribuições diárias do profissional de secretariado, como, por exemplo, quando necessita escolher fornecedores ou descobrir o melhor preço de passagens, hotéis, locais para realização de eventos, jantares e reuniões.

1.3.2 Competências atitudinais

As competências atitudinais estão estritamente ligadas às habilidades técnicas e funcionam como ferramentas motivadoras para que a ação ocorra da melhor forma possível (elas motivam a ação). Relacionam-se ao senso crítico, à capacidade de adaptação, à autogestão, ao equilíbrio emocional, entre outros.

Bond e Oliveira (2009) destacam as principais habilidades atitudinais de um bom profissional de secretariado:

» **Autorregulação**: o secretário trabalha de forma organizada, com controle e acompanhamento de suas atividades diárias, e, em situações emergenciais, consegue tomar decisões assertivas e ponderadas.
» **Proatividade**: trata-se da capacidade de se antecipar às necessidades de gestores, pares ou equipes; atenção ao mercado e às disrupturas, principalmente tecnológicas, a fim de perceber as mudanças que elas podem provocar nas atividades profissionais.
» **Produtividade e qualidade**: a produtividade relaciona-se ao tempo de execução das tarefas, e a qualidade diz respeito ao trabalho executado com excelência, sem erros ou retrabalhos. Verificar informações antecipadamente é um dos fatores que dão credibilidade às atividades realizadas.
» **Polivalência**: é uma das principais características do profissional de secretariado, conhecido por sua capacidade de realizar várias tarefas simultaneamente. Para isso, é necessário que ele aprenda a classificar o que é importante ou urgente, de modo a priorizar a execução.
» **Autogestão**: é o autogerenciamento nas atividades diárias, sem a necessidade de supervisão. Um ponto de destaque aqui é a capacidade de apresentar soluções ou sugestões para a resolução de problemas, em vez de simplesmente reportá-los.
» **Empreendedorismo**: trata-se de cuidar de um setor como se ele fosse uma empresa, avaliando custos, produtividade, implantando mudanças e tendo sempre uma visão do futuro.
» **Criatividade**: muitas vezes, o profissional necessita ser rápido em suas decisões e, principalmente, utilizar a criatividade para

encontrar alternativas diante da realização de uma mesma tarefa ou de um atendimento a uma emergência.

» **Postura profissional**: secretários são, muitas vezes, a porta de entrada da organização que representam. Por isso, suas atitudes e posturas devem ser coerentes com o cargo ocupado.

1.3.3 Competências relacionais

O secretário executivo atua como elo entre diferentes áreas, convivendo com pessoas e equipes multidisciplinares e multiculturais. É nesse contexto, no qual o trabalho colaborativo impera, que se enquadram as competências relacionais ou comportamentais, atreladas ao saber ser e relacionar-se com os outros.

As competências relacionais, que se voltam tanto ao relacionamento intrapessoal quanto aos relacionamentos interpessoais, direcionam-nos a um movimento de autoconhecimento e de valorização do outro, atuando como agentes facilitadores. Destacamos aqui as habilidades relacionadas à comunicação, à ética, à resiliência, à empatia, à liderança, ao senso de equipe, à colaboração e à cooperação.

Bond e Oliveira (2009) e Czajkowski, Müller e Oliveira (2019) destacam as principais competências relacionais de um bom profissional de secretariado:

» **Inteligência emocional**: trata-se de uma condição imprescindível ao profissional, que precisa ter autocontrole e saber administrar suas ações e reações diante das adversidades enfrentadas no dia a dia. É aliada da automotivação e do autoconhecimento na facilitação das relações interpessoais no ambiente corporativo.

- **Comunicação**: trata-se da capacidade de se comunicar de modo eficiente e não violento com pessoas e equipes de diferentes áreas, culturas e personalidades. Refere-se, ainda, à adequação da fala e da escrita aos diferentes níveis organizacionais nos quais as mensagens se propagam.
- **Liderança**: é a capacidade de tomar decisões racionais e de manter as pessoas motivadas diante de seus objetivos. Como o secretário é responsável por repassar tarefas para outros colaborares e transmitir informações a diversos setores, ele deve administrar as exigências feitas pela pessoa a quem assessora. Por isso, esse profissional precisa manter o equilíbrio entre liderar e ser liderado.
- **Empatia**: sensibilidade em relação à visão de mundo do outro, reconhecendo que os indivíduos têm emoções, sentimentos, desejos e pontos de vista diferentes. Cabe ao profissional de secretariado criar uma sintonia que facilite as relações interpessoais, com compreensão e respeito à individualidade de pares e gestores.
- **Senso de equipe/colaboração/cooperação**: relaciona-se ao envolvimento do profissional no desenvolvimento de equipes, no processo de liderança e na gestão das pessoas, frequentemente em virtude de ações ou projetos demandados pela gestão imediata. Nesse cenário, ele atua no direcionamento e na supervisão de atividades, bem como na mediação de conflitos.
- **Resiliência**: é a capacidade de se adaptar e se reinventar ao longo do tempo, demonstrando flexibilidade diante de situações adversas.
- **Ética**: em razão de ter conhecimento de informações muitas vezes sigilosas de uma empresa, o perfil ético é necessário para que o profissional tenha uma conduta ilibada, mantendo relações de qualidade com colegas, superiores ou subordinados e uma imagem positiva.

1.3.4 Competências analíticas

Segundo Barros, Silva e Paiva (2018, p. 79), "a complexidade organizacional e profissional descentralizou muitas responsabilidades e funções dos gestores das empresas, os quais passaram a ter necessidade de delegar com mais frequência algumas atribuições da gestão empresarial". É nesse cenário que o perfil polivalente do profissional de secretariado faz com que ele se aproxime da gestão e do poder decisório das organizações, exercendo um papel de cogestor. Por meio das competências analíticas ou gerenciais, ele atua como facilitador no alcance dos objetivos organizacionais, otimizando resultados. Entre as principais competências analíticas, destacamos:

» **Organização**: característica inerente à profissão desde tempos remotos, a organização é fundamental para a designação de tarefas, de responsáveis e de prazos, a fim de que o todo funcione como uma engrenagem bem alinhada. Vale lembrar que o emprego de tecnologias voltadas à gestão de tempo, recursos, equipes e projetos possibilita uma organização mais sistemática do trabalho.

» **Visão sistêmica**: o profissional de secretariado transita por diferentes setores de uma organização, além de ter contato com clientes e fornecedores externos. Uma visão sistêmica permite-lhe avaliar uma situação a partir de diferentes ângulos, considerando o cenário mais amplo e as consequências de suas ações em outras áreas. Essa visão do todo também favorece a cooperação entre colegas de equipe, já que cada um tem ciência de sua importância e de seu papel em projetos específicos e na organização.

» **Organização de métodos e processos de trabalho**: padronizar métodos e processos permite controlar melhor as atividades dentro de uma organização. Nesse sentido, uma visão sistêmica por parte do profissional é importante para que ele possa identificar necessidades e propor melhorias em diferentes áreas.

» **Estratégia**: o ambiente de negócios sofre interferências do ambiente externo a todo momento (mudanças de legislação, concorrência, economia). Nesse cenário de volatilidade, as organizações precisam adaptar-se às mudanças elaborando estratégias para o futuro. Assim, o profissional de secretariado pode atuar, junto à sua chefia imediata, na otimização dos recursos e no desenvolvimento de ações que garantam vantagens competitivas em relação à concorrência.

» **Planejamento**: trata-se de outra competência inerente ao secretariado, uma vez que o dia a dia do profissional da área é composto por compromissos e demandas que devem ser planejadas. Estabelecer objetivos de curto, médio e longo prazos permite identificar e organizar ações, definir responsabilidades, estimar custos e viabilidade de projetos, favorecendo, assim, a tomada de decisões mais assertivas.

» **Controle**: novas tecnologias, como *laptops*, *tablets*, *smartphones* e *softwares* de gestão de agenda e tarefas, permitiram maior controle de informações e processos e a avaliação dos resultados do planejamento. Controlar processos e atividades viabiliza a análise de resultados, os quais dão base para tomadas de decisão.

» **Tomada de decisão**: competência característica de um novo perfil de profissional de secretariado, que atua como cogestor. Trata-se da soma das competências anteriores e confere maior autonomia nas rotinas diárias ou no apoio às decisões dos gestores.

Essa gama de competências (técnicas, atitudinais, relacionais e analíticas) inerentes ao secretariado contemporâneo demonstra que, ao longo do tempo, o perfil operacional deu espaço a um perfil gerencial. A reinvenção e o aprimoramento constantes fortaleceram a área, abrindo espaço para que seus profissionais assumissem posições estratégicas nas organizações.

1.4 Do secretariado à assessoria

A palavra *disrupção* tem sua origem no latim *disruptio*, *onis*, que significa "fratura" ou "quebra". Podemos entendê-la como o ato de romper com o antigo para a chegada do novo ou como uma interrupção no curso natural de processos. No caso da profissão de secretariado, fatores históricos e inovações tecnológicas provocaram transformações nas rotinas secretariais, demandando do profissional muita resiliência para se adaptar às mudanças.

Vivemos em um mundo em contínua transformação. Especialmente entre as décadas de 1980 a 2020, o profissional de secretariado presenciou muitas disrupturas em sua prática, das máquinas de escrever aos computadores e *smartphones*; da redação de cartas datilografadas aos *e-mails* e aplicativos de troca instantânea de mensagens; do alto custo de ligações telefônicas às chamadas de voz e vídeo via internet; das reuniões e dos eventos presenciais aos virtuais, sem necessidade de deslocamentos.

Diante dessas mudanças, muitos se perguntam: Será que o secretariado deixará de existir? Como não podemos prever o futuro, o que precisamos ter em mente é que estamos inseridos em uma sociedade em constante transformação e que a adaptação e a reinvenção fazem parte desse processo evolutivo.

Vimos que, no decorrer do tempo, às competências técnicas foram-se somando competências atitudinais, relacionais e, por fim, analíticas. Camargo et al. (2015) destacam que os profissionais secretários conquistaram grande espaço no meio empresarial ao ultrapassar as tarefas rotineiras e desenvolver habilidades para a realização de atividades complexas, demonstrando responsabilidade e eficiência na dinâmica organizacional. Com isso, ganharam notoriedade perante gestores e conquistaram espaço no gerenciamento da organização, sendo reconhecidos como assessores.

Paes e Müller (2015) reforçam que a assessoria executiva se define como uma forma particular e inerente ao secretariado executivo, caracterizada como assistência executiva, multiplicadora e adjunta aos órgãos decisórios (executivos, diretores, gerentes). Destacam, ainda, que o assessor executivo desenvolve uma função-fim, desempenhando papéis de aconselhador sobre planos e procedimentos, facilitador de processos e prestador de serviços especializados. Dessa forma, ele contribui para o alcance dos objetivos organizacionais, com um trabalho de suporte gerencial especializado e intelectualizado, o qual demanda conhecimentos, competências e formação específicos.

Nesse sentido, vale ressaltar que a assessoria executiva não está apenas ligada aos altos escalões corporativos ou governamentais, mas também a profissionais liberais cada vez mais autossuficientes, preocupados com os resultados de suas atividades-fim. Por isso, demandam a assessoria de um profissional em atividades administrativas e processuais, o que revela uma nova tendência mercadológica para o profissional de secretariado.

Nonato Júnior (2009) destaca que a ciência da assessoria é composta pelo domínio de um conjunto de questões epistemológicas, interdisciplinares, tecnológicas, teóricas e práticas, e que não requer nenhum gênero prévio (masculino ou feminino) para ser realizada com eficácia, mas sim profissionais com competência e habilidades que estejam alinhadas às demandas complexas da profissão de secretariado executivo.

Nesse sentido, Sabino e Marchelli (2009, p. 607) afirmam que

> o secretário executivo é essencialmente um assessor pessoal, que tem entre as suas atribuições a tarefa de organizar as rotinas de seus líderes atuantes nas empresas ou em outras formas de organização, valendo-se fundamentalmente da ciência administrativa, que constitui o entorno conceitual básico para o desenvolvimento das tarefas que lhe são pertinentes.

A assessoria também é retratada por Nonato Júnior (2009) como uma ciência que abriga diversas subcategorias, as quais representam os domínios e os setores de atuação do secretariado executivo. O autor as organiza, a partir do foco central da assessoria, em quatro eixos básicos: assessoramento, assessorexe, asessorística e assessorab, conforme representado na Figura 1.3. O tema será abordado com maior profundidade no Capítulo 2.

Figura 1.3 – Eixos do estudo das ciências da assessoria

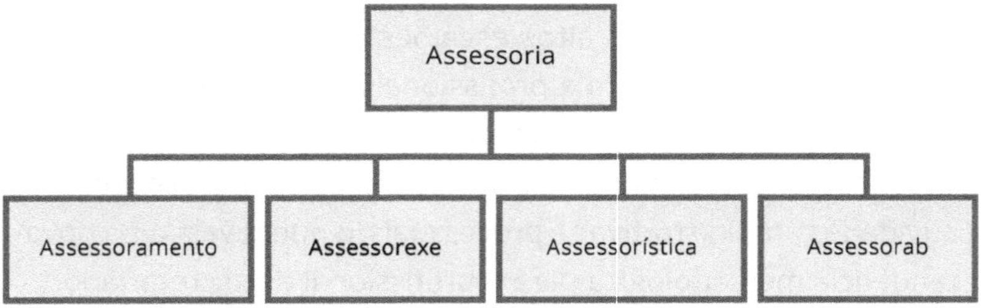

Fonte: Elaborado com base em Nonato Júnior, 2009.

Para Nonato Júnior (2009), a **assessoria** (foco central) refere-se ao ato de assessorar nos âmbitos operacional, tático, executivo, intelectual ou interdisciplinar, interligando realidades, conhecimentos, pessoas, níveis hierárquicos ou inter-relacionais.

O **assessoramento**, por sua vez, diz respeito à assessoria operacional (técnica e tática), relacionada ao contato direto com técnicas, tecnologias e ferramentas utilizadas nas rotinas secretariais.

Já a **assessoria executiva**, ou assessoria de gestão (assessorexe), está relacionada às questões do trabalho de assessoria executiva empresarial, oficial ou gerencial autônoma, ou seja, diz respeito às decisões no âmbito gerencial, tendo como foco o fluxo informacional em que o assessor se apresenta como gestor do conhecimento.

A **assessorística** (assessoria ao trabalho intelectual) refere-se à produção de conhecimento em atividades secretariais que se dedicam ao fortalecimento intelectual por meio de pesquisas, produção e análise de dados, publicação e editoração, elaboração textual e discursiva e encaminhamento das atividades intelectuais de outros profissionais.

Por fim, a **assessorab** (assessoria aberta) diz respeito a todas as práticas secretariais que extrapolam o ambiente organizacional, estabelecendo relações entre as assessorias e outras áreas de conhecimento.

A partir do entendimento das novas competências desenvolvidas pelo profissional de secretariado e do conhecimento dos eixos da assessoria, é possível identificar a relação existente entre as duas áreas de conhecimento, com as habilidades do secretariado permitindo o desenvolvimento das atividades de assessoria, conforme podemos verificar na Figura 1.4.

Figura 1.4 – Relação entre secretariado executivo e assessoria

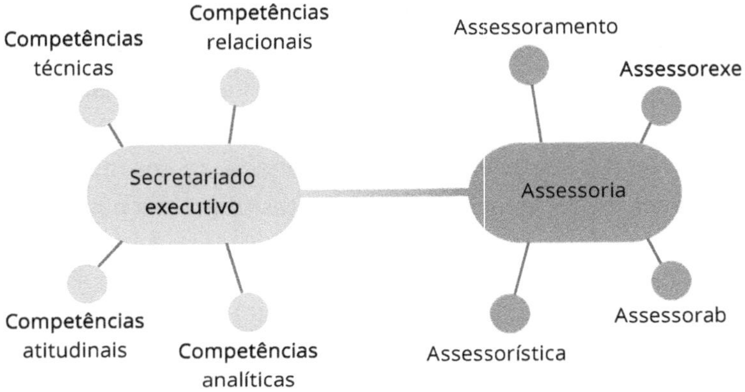

Nesse sentido, Camargo et al. (2015) ressaltam que o secretário executivo desenvolve inúmeras atividades em organizações públicas e privadas e que cabe a ele traçar conexões com outras áreas que tenham relação e conhecimentos comuns aos do secretariado, como é o caso das assessorias. Dessa maneira, ele colabora para que outros profissionais auxiliem a organização a trabalhar em prol da responsabilidade social, buscando uma gestão ética e transparente para com as partes que são direta ou indiretamente ligadas à organização, como fornecedores, colaboradores e a sociedade local.

Quando nos debruçamos sobre o arcabouço teórico do secretariado e da assessoria, é possível percebermos com maior ênfase as conexões entre as duas áreas. Associadas às competências técnicas e relacionais do profissional de secretariado, Paes e Müller (2015) destacam como habilidades necessárias ao desenvolvimento da assessoria executiva: os conhecimentos técnicos de comunicação e de sistemas de informações e as relações intra e interpessoal no ambiente de trabalho.

Costa e Viana (2016) afirmam que o assessor é dotado de múltiplos conhecimentos no âmbito organizacional, tais como a capacidade de orientação e aconselhamento, sendo também aquele que investiga, que tem seu intelecto desenvolvido, o que o capacita para a assistência e o auxílio ao gestor imediato na execução e no desempenho de suas funções organizacionais de forma estratégica e ética, o que podemos associar às competências atitudinais e analíticas.

Castelo (2007, p. 90), por sua vez, ressalta que, para consolidar a capacidade de assessoramento, todo profissional de secretariado precisa "dominar as técnicas secretariais, possuir sólidos conhecimentos das diversas áreas de negócios e administrativas, desenvolver as práticas de comunicação e de liderança e atuar de forma ética". Nesse sentido, a autora aponta que, ao assessorar, o secretário executivo precisa ter conhecimento, controle e influência sobre:

» **Visão organizacional**: o profissional deve construir uma visão generalista das estruturas hierárquicas e intersetoriais da organização. Necessita diagnosticar as situações vivenciadas, analisar o fluxo de informações recebido dos diferentes setores e garantir sua correta interpretação para o melhor direcionamento nas tomadas de decisão.

» **Comunicação**: o secretário executivo é o canal de comunicação que representa a imagem empresarial perante os públicos interno e externo. Dessa forma, deve estar aberto às novas informações, recebendo-as e transformando-as em conhecimento crítico, assimilando e produzindo novos conhecimentos e práticas que vão ao encontro das demandas de desempenho da organização.

» **Liderança**: por meio da liderança, o secretário pode obter o comprometimento de suas equipes de trabalho no que diz respeito às metas e aos objetivos centrais da organização na qual está inserido. Para praticar a liderança, necessita conhecer as técnicas e os métodos de trabalho de cada setor e a política geral da empresa.
» **Ética**: atitudes éticas, como manter o sigilo sobre as informações e documentações; boa imagem no que diz respeito tanto às atitudes quanto às vestimentas; respeito aos pares, superiores e subordinados.

Síntese

Neste capítulo, traçamos uma linha do tempo com os principais acontecimentos históricos que marcaram a trajetória do profissional de secretariado executivo, desde os escribas até a atualidade.

Em outros tempos, tratava-se de uma profissão essencialmente masculina, tendo a virada para uma predominância feminina ocorrido durante as grandes Guerras Mundiais. Destacamos, ainda, as décadas de 1970 e 1980 como importantes marcos para a profissão no Brasil, com a promulgação da Lei n. 7.377/1985 e a criação do Código de Ética e da Fenassec.

Ademais, lançamos um olhar sobre a nova identidade do profissional de secretariado a partir de quatro competências: técnicas, relacionadas a atividades operacionais da rotina secretarial; atitudinais, referentes à automotivação, à proatividade e à capacidade de adaptação; relacionais, atreladas ao saber ser e ao saber relacionar-se com os outros no ambiente de trabalho; e analíticas, que caracterizam o profissional atual de secretariado como cogestor.

Por fim, abordamos a relação entre secretariado e assessoria, apresentando os quatro eixos básicos desta, os quais serão analisados de modo mais aprofundado no próximo capítulo.

2 Os cinco eixos da assessoria

Rafaela Aparecida de Almeida

Conteúdos do capítulo:

» Assessoria técnico-tática.
» Assessoria gerencial.
» Assessoria intelectual.
» Assessoria aberta.
» Assessoria digital.

Após o estudo deste capítulo, você será capaz de:

1. identificar os cinco eixos que compõem o estudo das assessorias;
2. elencar as qualificações de um assessor empresarial;
3. comparar o assessoramento empresarial ao assessoramento pessoal;
4. conectar a assessoria digital aos demais eixos;
5. integrar os diferentes eixos da assessoria.

Inicialmente, vamos resgatar um pouco da história para compreendermos melhor a trajetória da assessoria. Podemos, assim como no secretariado, associá-la à figura dos escribas, uma vez que os assessores do passado eram pessoas detentoras de certo grau de conhecimento, que dominavam outros idiomas e a escrita. Nesse sentido, Nonato Júnior (2009, p. 81) preconiza que "a assessoria configura-se como uma das ações intelectuais mais antigas da história da humanidade".

Maquiavel, em sua obra *O príncipe*, descreve a figura dos ministros, que assessoravam o principado: "A primeira impressão que se tem de um governante e da sua inteligência é dada pelos homens que o cercam. Quando estes são eficientes e fiéis, pode-se sempre considerar o príncipe sábio, pois foi capaz de reconhecer a capacidade e de manter fidelidade" (Maquiavel, 2002, p. 129). Assim, é possível observar que a função de assessor há muito acompanha grandes lideranças .

Sabino e Marchelli (2009) reafirmam essa visão ao destacarem que líderes políticos e religiosos depositavam extrema confiança em seus secretários, os quais ocupavam funções de escrevente e assessor pessoal. Segundo os autores, a partir da Primeira Guerra Mundial, os assessores passam a representar uma extensão da capacidade de ação de seu líder.

Para Dale e Urwick (1971), o assessor é o indivíduo que presta assistência pessoalmente ao seu líder, tornando-se uma extensão da personalidade deste. Já Costa e Viana (2016, p. 34) destacam o assessor na esfera administrativa como "aquele que tem a responsabilidade de acompanhar e compreender os processos gerenciais dentro das organizações", desenvolvendo as tarefas que lhe forem conferidas com segurança e absorvendo as demandas geradas pelo executivo.

Paes e Müller (2015), por sua vez, ressaltam que a assessoria, na área administrativa, é classificada como uma das partes dos modos de organização formal, contando com duas autoridades: a de linha e a de *staff* (assessoria). As autoridades de linha são responsáveis pela decisão e execução dos assuntos principais da organização; as autoridades na área de assessoria são responsáveis por aconselhamentos e elaboração de sugestões, recomendações, planejamentos, ideias e pela prestação de serviços especializados.

De acordo com Nonato Júnior (2011), assessorar é interligar realidades, gerenciando informações a partir dos interesses de núcleos organizativos interligados, o que torna a assessoria um processo gestor diferenciado; ela é uma rede de conexões que facilita e otimiza as tomadas de decisões e a gestão dos assessorados. Ainda conforme Nonato Júnior (2009), a assessoria é uma ciência dividida em quatro grandes eixos, conforme vimos no Capítulo 1: assessoramento (assessoria técnico-tática), assessorexe (assessoria executiva), assessorística (assessoria intelectual) e assessorab (assessoria aberta). Proporemos, nesta obra, a inclusão de um quinto eixo, o qual denominaremos de *assessovirtu* (assessoria digital), conforme representado na Figura 2.1.

Figura 2.1 – Cinco eixos da assessoria

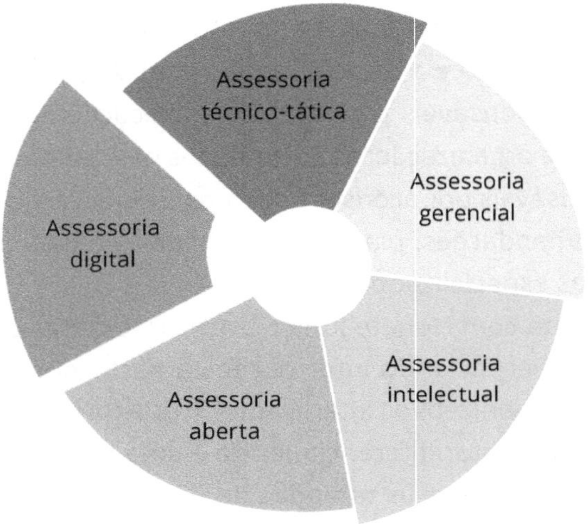

Fonte: Elaborado com base em Nonato Júnior, 2009.

A seguir, vamos conhecer e compreender melhor cada um dos cinco eixos. No entanto, cabe aqui ressaltar que Nonato Júnior (2009) descreve os quatro primeiros eixos como objetos de estudo da ciência da assessoria, e volta-se, com maior ênfase, à cientificidade. Nesta obra, no entanto, abordaremos os cinco eixos e sua aplicabilidade ao universo organizacional.

2.1 Assessoria técnico-tática

O primeiro eixo do assessoramento diz respeito à assessoria operacional (técnica e tática), que pode ser facilmente vinculada às competências técnicas desenvolvidas pelo profissional de secretariado, relacionadas ao uso das tecnologias secretariais e das ferramentas profissionais e às rotinas básicas de escritório.

Baseando-nos em Nonato Júnior (2009), podemos destacar que profissionais que atuam nesse eixo realizam atividades de rotina tais como:

» **Operacionalização de arquivos físicos e informatizados**: o assessor poderá realizar atividades voltadas à gestão e à conservação de documentos nas áreas administrativa, financeira, contábil, jurídica, de qualidade, de *marketing* e de gestão de pessoas, sejam eles físicos, sejam virtuais, respeitando a legislação pertinente e a tabela de temporalidade.
» **Otimização de instrumentos e materiais de escritório**: atua na gestão dos materiais de escritórios e na administração de custos de departamento, realizando compras, cotação de materiais e buscando fornecedores alternativos.
» **Assessoria tático-operacional em correspondência e documentação**: atua na classificação de correspondências recebidas, enviadas e a serem arquivadas, de modo a facilitar o fluxo informacional, interno ou externo, da organização.
» **Execução de atividades típicas de secretaria**: o assessor poderá atuar em secretarias de órgãos públicos e escolas.
» **Gestão estratégica e mapeamento de processos**: podem ser relacionados à atuação do assessor na gestão e no mapeamento de processos e, ainda, na determinação e na alocação de recursos em áreas ou projetos.

Por fim, acrescentamos as atividades vinculadas ao uso e domínio de idiomas:

» **Assessoria internacional**: por meio do domínio de idiomas, o assessor poderá atuar na condução da comunicação com clientes e fornecedores de outros países, na recepção de convidados de outras nacionalidades, no acompanhamento em viagens internacionais de seus gestores e, ainda, no assessoramento e no processo de adaptação de executivos expatriados.

2.2 Assessoria gerencial

O segundo eixo de estudos está relacionado às questões do trabalho de assessoria executiva empresarial, oficial ou gerencial autônoma. Nosso ponto central será voltado à assessoria empresarial, também conhecida como *assessoria de negócios*, em que o assessor atua como gestor do conhecimento no ambiente de trabalho, associando o saber às atividades de cunho gerencial.

Podemos dizer que esse eixo representa uma soma das competências analítica, atitudinal e relacional do profissional de secretariado. Nesse sentido, as empresas têm buscado profissionais com perfil multifuncional, ou seja, aquele que consegue reunir qualidades analíticas, estratégicas, raciocínio voltado para a ação, aliado a um alto fator intuitivo, ao relacionamento interpessoal e à capacidade de mobilizar pessoas em torno de seus projetos de trabalho, em um ambiente de aprendizado mútuo.

Nonato Júnior (2009) ressalta que o segundo eixo tem foco no fluxo informacional das organizações. Nessa perspectiva, o assessor apresenta-se como um gestor do conhecimento, indo além da operacionalização técnico-tática (primeiro eixo) e atingindo capacidade para atuar na dimensão estratégica. Aqui, a gestão do conhecimento está vinculada ao processo sistemático realizado pelo assessor para criar, utilizar e ressignificar seu conhecimento, propagando suas realizações no ambiente organizacional em que está inserido.

Temos vivenciado um ambiente corporativo em que executivos-chefes avolumam funções e realizam tarefas com maior grau de complexidade. Em decorrência disso, passam a dispor de menos tempo para cuidar de demandas gerais que necessitem de sua aprovação e autoridade (Albernaz, 2011). É nesse cenário que o assessor executivo se enquadra, contribuindo de forma eficaz para a otimização do tempo de seus gestores e auxiliando no desempenho de funções de liderança e direção.

A transferência de responsabilidades ao assessor permite aos executivos aliviar sua carga de trabalho, dedicar-se a assuntos mais importantes e não passíveis de delegação. Entre as atividades delegadas, Albernaz (2011, p. 183) destaca:

> a antecipação de problemas que podem ser importantes, o desenvolvimento de um plano de estudos, a colheita de informações necessárias dos pontos de vistas e sugestões, o desenvolvimento dos aspectos técnicos, a realização de grande parte do trabalho mental básico, a consulta e a informação de todos os interessados, a reunião de vários pontos de vistas diferentes, o atendimento burocrático, os relatórios sobre os progressos alcançados, dentre outras tarefas.

Paes e Müller (2015, p. 10) acrescentam que a assessoria executiva é caracterizada como

> multiplicadora e adjunta aos órgãos decisórios (executivos, diretores, gerentes), funcionando como aconselhadora e orientadora de sugestões, planos e procedimentos, facilitadora de processos e prestadora de serviços especializados de forma a facilitar os objetivos organizacionais, configurando um trabalho de suporte gerencial especializado e intelectualizado, requerendo conhecimentos, competências e formação específicos.

Vale ressaltar que o eixo da assessoria gerencial pode receber diferentes nomenclaturas no mercado, tais como: assessoria executiva, assessoria empresarial e assessoria de negócios.

2.2.1 Qualificação do assessor empresarial

A assessoria executiva ou de negócios tem conquistado seu espaço dentro das organizações, em razão das novas competências adquiridas pelos profissionais da área e do alto poder analítico destes.

Neste momento, você deve estar tentando traçar um perfil para o assessor de negócios ou imaginando as qualificações necessárias a esse profissional. Por isso, apresentaremos algumas delas a seguir e as retomaremos no Capítulo 4.

» **Competência técnica**: voltada à realização de atividades como gerenciamento de agenda e reuniões de executivos, gerenciamento de viagens pessoais e corporativas, redação de documentos, gestão de correspondências, informações e arquivamento de documentos físicos ou virtuais.
» **Discrição e sigilo**: assim como o secretário executivo, o assessor de negócios tem acesso a informações e documentos, que, muitas vezes, dizem respeito à estratégia de negócios da organização e, por essa razão, demandam sigilo e discrição absoluta.
» **Resiliência, criatividade e capacidade de inovação**: o assessor, por sua visão sistêmica e holística, é capaz de sugerir melhorias em processos, projetos e atividades realizadas por diferentes áreas, fazendo uso destas três qualificações: a resiliência, que lhe permite adaptar-se às mudanças e trabalhar em situações adversas; a criatividade, que lhe permite pensar, inventar, criar e conceber novas ideias; e a inovação, que vem para colocar

em ação as ideias propostas, seja de um novo projeto, seja de melhoria de um sistema ou processo já existente.

» **Poder analítico**: é um dos diferenciais do assessor. Vincula-se tanto ao direcionamento e gestão de equipes (em projetos, na coleta, no tratamento e na análise de dados e na posterior produção de relatórios gerenciais) quanto à gestão e contratação de fornecedores e demais atividades que demandem maior nível de análise.
» **Gestão e mapeamento de processos**: a gestão e o mapeamento permitem ao assessor de negócios identificar oportunidades de melhorias para os processos, com o uso de ferramentas como fluxogramas e diagramas.
» **Administração de conflitos e técnicas de negociação**: por suas habilidades relacionais, o assessor pode atuar na administração de conflitos nos ambientes organizacionais, utilizando técnicas de negociação para chegar a acordos em situações de divergência entre colaboradores ou equipes.
» **Gestão de projetos**: projetos são ações temporárias que visam atingir determinado objetivo em um prazo específico, como, por exemplo, a implantação de um novo sistema ou a realização de um evento. Nesse contexto, o assessor é qualificado para gerir pessoas e equipes, ações a serem realizadas e prazos de entrega, bem como para propor ferramentas que contribuam para o alcance das metas estabelecidas.
» **Desenvolvimento de liderança e de equipe**: o assessor é resiliente, polivalente e domina a comunicação não violenta. Seu exemplo de liderança permite-lhe formar e desenvolver equipes, promovendo mudanças e direcionando seus pares à realização dos objetivos propostos.
» **Assessoria de imprensa**: por dominar técnicas de escrita e redação empresarial, o assessor pode trabalhar em assessoria

de imprensa, tanto dentro de uma estrutura organizacional quanto no assessoramento de clientes particulares (atletas, políticos, médicos, advogados etc.). Nesse sentido, atua na divulgação ou na promoção de seus assessorados por meio da geração de conteúdos de relevância para veiculação em diferentes mídias.

2.2.2 Assessoria pessoal

É muito comum vincularmos a figura do assessor de negócios ao assessoramento de executivos ou a cargos de alta direção. No entanto, um novo modelo vem ganhando espaço: a assessoria pessoal a profissionais liberais.

Nos últimos anos, temos presenciado o aumento significativo de novos negócios no Brasil, com destaque para aqueles comandados por profissionais liberais, com formação técnica ou acadêmica em determinada área e que exercem suas atividades de maneira independente. É o caso de advogados, engenheiros, médicos, publicitários, *digital influencers*, entre outros.

Por atuarem de forma independente, esses profissionais precisam focar em sua atividade-fim. Como, em alguns casos, exercem mais de uma atividade, eles necessitam de suporte para realizar as gestões administrativa, financeira, contábil, comercial e secretarial de seu negócio. Como exemplo, pense em um dentista: ele pode atender pacientes em consultório, lecionar em universidades e realizar palestras ou atuar como *digital influencer* em redes sociais. É em cenários como esse, portanto, que o assessor pessoal se enquadra.

Entre as atividades que podem ser realizadas por um assessor de negócios a um profissional liberal, destacamos:

» **Assessoramento secretarial**: gerenciamento de agenda, reuniões e atendimentos; treinamentos; acompanhamento de tarefas ou de projetos e gestão e organização do tempo e de atividades de trabalho ou pessoais; contato com clientes e fornecedores; organização de eventos e atividades afins.
» **Assessoramento na elaboração de plano de negócios**: por sua competência empreendedora, o assessor pode atuar na elaboração e na execução de planos de negócios, bem como em análises de mercado, público-alvo e investimentos.
» **Assessoria financeira**: controles financeiro e bancário do negócio; realização de pagamentos; cobrança de clientes; assessoramento em decisões econômicas (investimentos, maximização de ganhos e redução de despesas).
» **Organização e gestão eletrônica de documentos**: planejamento e gerenciamento correto de documentos são premissas para o sucesso de um negócio. Nesse sentido, os assessores atuam para simplificar e agilizar a organização e o acesso às informações essenciais em uma empresa.
» **Assessoramento na gestão de materiais**: desenvolvimento de fornecedores (busca e análise de potenciais fornecedores); levantamento de cotações; controle e negociações de compras de materiais de escritórios ou suprimentos para a atividade-fim do profissional.

Agora que temos um perfil traçado para o assessor e compreendemos suas qualificações, podemos relacionar as diferentes atividades a serem realizadas tanto em um ambiente corporativo quanto na assessoria a profissionais liberais (Figura 2.2).

Figura 2.2 – Atividades de assessoramento empresarial e presencial

IhorZigor/Shutterstock

Segundo Nonato Júnior (2009), o desenvolvimento da assessoria é consequência da revolução e da transformação que a gestão empresarial vem sofrendo nos últimos anos, em que o assessor passa a atuar como polo articulador de vários profissionais e trabalha com conhecimento de natureza diversa (assistência, linguagem, administração, relações humanas, atendimento ao público, planejamento, tomada de decisão). Com isso, a assessoria gerencial torna-se cada vez mais necessária para o desenvolvimento de empresas, instituições, grupos sociais organizados e, podemos acrescentar, profissionais liberais.

2.3 Assessoria intelectual

O terceiro eixo proposto por Nonato Júnior (2009), assessorística, diz respeito à assessoria intelectual. O autor destaca o papel das assessorias na elaboração, na estratégia e na execução de atividades intelectuais, em que o foco principal está na produção de conhecimento em atividades secretariais dedicadas ao fortalecimento intelectual e conceitual da assessoria.

Nesse eixo, o assessor está ligado à leitura e ao trabalho intelectual, facilitando e organizando o desenvolvimento de atividades de cunho intelectual e de geração de conhecimento científico de outros profissionais (Nonato Júnior, 2009). Para o autor, os estudos da assessorística contemplam:

» assessoria de pesquisa;
» assessoria em produção e análise de dados;
» assessoria em publicação e editoração;
» assessoria de elaboração textual e discursiva;
» assessoria científica.

Para explorarmos melhor o eixo da assessoria intelectual, vamos analisá-lo a partir de duas perspectivas: a primeira, a do trabalho intelectual realizado dentro das organizações ou no assessoramento pessoal; a segunda, a da produção de conteúdo científico voltada à ciência da assessoria.

2.3.1 Assessoria intelectual organizacional e pessoal

Ao longo desta obra, temos analisado a evolução do perfil do secretário executivo e do assessor, e vimos que a rotina de ambos os profissionais não mais se restringe a atividades de cunho puramente operacional. Então, neste momento, você pode estar se perguntando: No que a assessoria intelectual e a assessoria gerencial diferem? A resposta é simples: elas não diferem; a primeira complementa a segunda.

No ramo de **assessoria de pesquisa** e de **assessoria em produção e análise de dados**, um assessor pode trabalhar, por exemplo, em organizações responsáveis pelo levantamento e análise de dados estatísticos, na produção de relatórios analíticos e informativos. Ainda na área de pesquisa, pode atuar em áreas que demandem pesquisas de mercado, traçando o perfil de consumidores, concorrência, ameaças e oportunidades para a concepção e o lançamento de um novo produto. Outra possibilidade seria a assessoria a profissionais liberais (como professores e pesquisadores) na busca de informações e investigação de fatos para produção de conteúdo científico.

Em complemento, Miranda e Nonato Júnior (2019) associam a atividade de tradução/versão de documentos ao eixo da assessoria intelectual, geralmente em setores de comércio exterior e direção. Isso porque, em virtude do crescimento das negociações internacionais de muitas empresas, surgiu uma demanda por serviços de redação e tradução de textos profissionais em idioma estrangeiro (*e-mails*, cartas, contratos, documentos oficiais) para atender às necessidades de comunicação entre as organizações.

2.3.2 Assessoria intelectual na pesquisa científica

Embora o secretariado e a assessoria sejam ofícios de longa tradição, a produção de conteúdo científico nessas áreas ainda é escassa, uma vez que os profissionais usualmente seguem a carreira empresarial e poucos rumam para a academia e para a pesquisa.

Conforme Nonato Júnior (2009), podemos associar a assessoria intelectual na pesquisa científica à assessoria de publicação e editoração, à assessoria de elaboração textual e discursiva e à assessoria científica. Nesse contexto, o autor destaca as teorias conceituais relacionadas à Teoria Geral do Secretariado (TGS), ou seja, as abordagens temáticas que podem ser trabalhadas no universo da pesquisa técnica científica:

» formação intelectual do assessor;
» educação em secretariado;
» assessoria científica;
» teorias de pesquisa e publicação nas assessorias;
» metodologia científica para estudos secretariais;
» história do secretariado;
» ética e responsabilidade social em secretariado;
» identidade e cultura profissional;
» teorias de extensão acadêmica nas assessorias;
» paradigmas científicos e secretariado;
» secretariado e filosofia.

Ainda há muito a ser explorado nos estudos que envolvem o fazer e o saber dos assessores e das práticas da assessoria, em virtude das várias e rápidas transformações que ocorreram e ainda ocorrem na área: consolidação das tecnologias de informação; tecnologias disruptivas; mudanças no perfil dos consumidores e novas demandas do mercado; aumento da atuação de profissionais liberais em um mundo pós-pandemia de covid-19, que impulsionou a migração para o teletrabalho. Esses fatores, entre tantos outros, fazem com que o perfil do assessor e as demandas da profissão estejam em constante mudança, sendo necessário haver espaço na comunidade científica para as discussões pertinentes a esse campo do conhecimento.

2.4 Assessoria aberta

O quarto eixo da assessoria proposto por Nonato Júnior (2009), o assessorab (ou assessoria aberta), volta-se para as práticas secretariais que extrapolam o ambiente organizacional e estabelecem relações com outras áreas do conhecimento. Ele é subdividido em:

a) **Assessoria interdisciplinar**: aquela que faz relação conceitual e metodológica com outras disciplinas. Nela, o foco são as assessorias, embora abranja outras áreas, em uma perspectiva interdisciplinar. Por exemplo, ao realizar uma pesquisa sobre liderança organizacional, faz-se necessário recorrer a conteúdos voltados para gestão de pessoas, psicologia organizacional e administração.

   Elencamos a relação das teorias interdisciplinares associadas às assessorias, na perspectiva de Nonato Júnior (2009):

   - processos interpessoais e intrapessoais no trabalho dos assessores;
   - assessoria em outras ciências e profissões;
   - consultoria e assessoria;
   - sociologia e assessoria;
   - economia e assessoria;
   - linguística e assessoria;
   - assessoria holística;
   - assessoria em gestão de saúde;

- assessoria jurídica;
- assessoria em comunicação social;
- atividades do assessor em trabalhos de campo;
- assessoria em gestão ambiental;
- atuação das assessorias em áreas correlatas.

Vemos aqui que a assessoria pode interagir com áreas de conhecimento não relacionadas ao ambiente empresarial propriamente dito, como é o caso das áreas de saúde, sociologia e gestão ambiental.

b) **Assessoria multidisciplinar e pluridisciplinar**: ocorre quando há um esforço coordenado entre diferentes disciplinas, em prol de um ideal comum. Por exemplo, em uma pesquisa sobre a evolução do profissional de secretariado, um historiador irá se ater aos acontecimentos históricos; um profissional da área secretarial, às mudanças de perfil e evolução da profissão; um sociólogo, ao entendimento do ser humano nesse processo evolutivo. Embora, nesse caso, tenhamos pesquisadores de áreas diversas, os resultados obtidos são compartilhados, a fim de se compreender a temática sob diferentes perspectivas.

c) **Assessoria transdisciplinar**: busca descobrir novas formas de expressão das assessorias existentes na sociedade, ou seja, que envolvem a profissão fora do domínio do trabalho ou da academia. Volta-se para a compreensão ou solução de problema empírico, tal como o trabalho dos assessores nos movimentos sociais, buscando compreender sua atuação a partir de suas experiências, sensações e percepções.

d) **Assessoria em áreas pioneiras e coevolutivas**: dialoga com o desenvolvimento social e científico. Nesse sentido, a ciência da assessoria evolui juntamente aos novos paradigmas que surgem na sociedade, em um processo de coevolução. No ano de 2020, por exemplo, o mundo vivenciou a pandemia do novo coronavírus, com intenso isolamento social, o que levou a uma migração das relações pessoais e do trabalho para ambientes virtuais. Desse cenário pandêmico, surgiu a necessidade de evoluir para um "novo normal", em que muitos profissionais adotaram definitivamente o teletrabalho, isto é, não retornaram ao modelo anterior presencial.

e) **Assessoria para além do secretariado**: nesse caso, a ciência da assessoria ultrapassa o domínio das problemáticas secretariais, aproximando-se de outras áreas acadêmicas. Dessa interface, surgem as chamadas *ciências de fronteira* ou *interciências*.

Como o próprio nome diz, a assessoria aberta dialoga com outras áreas do conhecimento. Nesse sentido, embora o foco deste livro seja a assessoria de negócios, vale ressaltar que o assessor pode ter diferentes formações: um enfermeiro que se torna assessor em uma clínica médica, por exemplo, ou um engenheiro ambiental que passa a atuar como assessor certificado em uma empresa da área ambiental. Enfatizamos, portanto, a possibilidade de diálogo entre a assessoria e outras áreas, não apenas na produção de conhecimento científico, mas também no campo empírico.

2.5 Assessoria digital

O advento na internet na década de 1990 trouxe grandes transformações no que diz respeito ao desenvolvimento tecnológico e às novas formas de trabalho e gestão de negócios. A tecnologia da informação deu forças à globalização, e os negócios que ocorriam em âmbito local passaram a ocorrer em escala mundial, com uma mesma empresa podendo ter filiais, clientes e fornecedores em diferentes países. Da mesma forma, profissionais de diferentes nacionalidades passaram a trabalhar em sucursais em países distantes.

A tecnologia permitiu, ainda, que reuniões presenciais – envolvendo gastos financeiros (passagens, hospedagem, alimentação, transporte) e de tempo (pelos deslocamentos) – acontecessem de forma virtual, bastando o uso de uma ferramenta adequada de comunicação e uma boa conexão com a internet. Assim, profissionais de diferentes cidades ou países passaram a se reunir virtualmente, dispendendo apenas o tempo necessário à participação em determinada reunião.

A soma das evoluções tecnológicas e a implementação de uma cultura de teletrabalho ratificam o pensamento de Castells (1999, p. 119), segundo o qual "estamos testemunhando um ponto de descontinuidade histórica". De acordo o autor, as tecnologias da informação, ao transformarem o processamento da informação, agem sobre todos os domínios da atividade humana. Com isso, possibilitam o estabelecimento de conexões infinitas entre diferentes domínios, assim como entre seus elementos e agentes, e conduzem a maior produtividade e eficiência, considerando as condições de transformações organizacionais e institucionais.

Barros et al. (2012, p. 63) corroboram essa visão ao destacarem que "diante da necessidade da adaptação dos profissionais à modernização do mundo globalizado, do qual surgiram as atividades virtuais, percebe-se a crescente inserção da assessoria nessa forma de atuação". É nesse cenário de tantas transformações que a assessoria digital, ou assessoria remota ou virtual, enquadra-se. Alguns autores inserem-na no eixo da assessoria gerencial proposta por Nonato Júnior (2009), mas, por entendermos se tratar de uma área em expansão, propomos, nesta obra, a criação de um quinto eixo, o qual intitulamos de *assessovirtu*.

2.5.1 Assessoria presencial × assessoria virtual

Se na assessoria tradicional (ou presencial) o assessor executa tarefas de cunho operacional associadas a atividades de cogestão e prima pela confidencialidade e pela integridade, deve fazê-lo também na assessoria virtual. Barros et al. (2012) destacam que o assessor que trabalha à distância precisa ter os mesmos princípios do assessor presencial, visto que as atividades a realizar são basicamente as mesmas, mudando apenas a forma de atuação. Costa, Chizzoni e Vaz (2019) complementam que o assessoramento remoto não extermina o presencial, mas que inova o modo de assessorar, gerando novas possibilidades.

2.5.2 Assessoramento virtual

A assessoria remota surge de uma demanda por parte de empreendedores e profissionais liberais, políticos, atletas e influenciadores digitais que necessitam de apoio profissional para organizar agenda, viagens e rotinas administrativas, a fim de se dedicarem às principais fontes geradoras de receita de sua empresa ou carreira.

Neste ponto, você pode estar se perguntando: Quais serviços podem ser contratados nessa modalidade de trabalho? Fanzeres e Lima (2018) destacam que os contratantes podem optar por pacotes de serviços, de acordo com as demandas que julgarem mais importantes e necessárias. Esses pacotes poderão contemplar serviços de compra de passagens aéreas e envio dos *vouchers* por e-mail, utilização de aplicativos de celular para localização de táxis e outros meios de transporte, envio de arquivos por meio da "nuvem", dicas de locais para almoço via mensagens e lembretes de compromissos e reuniões.

Os serviços prestados por um assessor remoto podem variar de atividades operacionais, tais como organização de viagens e agenda, gerenciamento e acompanhamento de tarefas e controles bancários, a atividades que demandem maior conhecimento e uso de ferramentas tecnológicas, como gestão eletrônica de documentos, gestão e produção de conteúdo para mídias e redes sociais, assessoria e gerenciamento virtual e organização de eventos virtuais.

O trabalho remoto permite ao assessor atender várias empresas ou profissionais ao mesmo tempo, desenvolvendo suas atividades laborais a partir de seu próprio escritório em casa (escritório virtual) ou fazendo uso de locais designados para esse fim, como os espaços de *coworking*.

No entanto, embora trabalhar remotamente seja o sonho de muitos profissionais, vale ressaltar aqui alguns pontos de atenção:

» Um assessor poderá atender clientes em fusos horários diferentes, o que demandará, em alguns casos, trabalhar fora do horário de expediente chamado "comercial".
» Requer muita disciplina e comprometimento com horários e realização de tarefas.
» Requer equilíbrio emocional, uma vez que o profissional trabalha sozinho e, portanto, com menor interação social;
» Há maior dificuldade para estabelecer relação de confiança com seus contratantes.
» Há dificuldades para superar barreiras, como a prospecção de novos clientes e as diferenças culturais em relação aos contratantes.

Os benefícios das atividades remotas às organizações e aos profissionais serão abordados com maior ênfase em nosso próximo capítulo.

2.5.3 Tipos de assessoria virtual

Abreu et al. (2019) destacam que a assessoria virtual pode ser realizada de três modos: trabalho virtual/remoto, *home office* e Centro de Serviço Compartilhado (CSC).

No **trabalho virtual**, o profissional presta serviço de forma não presencial para uma ou mais empresas, afiliado ou não a uma empresa prestadora de serviços secretariais e de assessoria. Esse modelo apresenta como pontos positivos a atuação na própria residência, o que garante maior autonomia e qualidade de vida, uma vez que permite o autogerenciamento de atividades e horas de trabalho. No entanto, impõe dificuldades como a manutenção de clientes e a saúde financeira, tendo em vista a dinâmica de despesas fixas e faturamento variável.

No trabalho realizado em ***home office***, o assessor usualmente está vinculado a uma organização, mas presta atendimento aos seus gestores de forma remota, de sua própria residência, sem a necessidade de ter uma base dentro da empresa. Para a empresa, traz a vantagem de reduzir custos de infraestrutura; para o assessor, há ganho de tempo pela eliminação de deslocamentos e aumento de produtividade. Entre os pontos negativos, destacam-se a diminuição das relações sociais e a menor capacidade de medir o desempenho das atividades realizadas.

No modelo de **Centro de Serviço Compartilhado** (CSC), o profissional que presta o assessoramento não é terceirizado e não ocupa, necessariamente, o mesmo espaço físico de seu gestor, mas tem uma base de trabalho na empresa. Dessa forma, há ganhos em qualidade e velocidade na execução de processos, por meio da padronização e da redução de custos operacionais. Por outro lado, o distanciamento físico desfavorece o relacionamento com outras áreas e pode trazer problemas de gerenciamento de pessoas.

Apesar de as três formas de trabalho serem aplicáveis à assessoria remota, nesta obra, iremos focar no assessoramento virtual/remoto, isto é, no trabalho independente para executivos ou profissionais liberais.

Exemplo prático

A autora Ana Oliveira é secretária executiva de formação, com 13 anos de experiência nas áreas de gestão administrativa, financeira, comercial e de secretariado. Atualmente, atua como secretária remota especializada em segmentos empresariais diversos, ajudando profissionais liberais, empreendedores e empresários a gerir seus negócios de forma descomplicada, organizada e com alta eficiência. Ela é autora do *e-book Desafios, experiências e conquistas de uma secretária remota*, que traz uma abordagem prática e intuitiva sobre o dia a dia de um profissional remoto.

A fim de despertar sua atenção para a temática da assessoria remota, trouxemos os principais pontos que ela destaca a respeito das vantagens de se trabalhar remotamente:

- Mobilidade: o assessor remoto pode executar suas tarefas diárias em qualquer lugar, apenas dispondo de um *laptop*, um celular e *Wi-Fi*.
- Tempo: o assessor remoto tem a liberdade de estipular as horas que pretende trabalhar por dia ou por semana, o que lhe proporciona mais tempo livre para cuidar dos assuntos pessoais e passar mais tempo com a família.
- Salário: é possível que o profissional tenha uma renda muito satisfatória no final do mês, dependendo da qualificação, das experiências, do nicho do mercado em que atua e da força de vontade e determinação para alcançar seus clientes de uma forma assertiva e eficiente. A autora ressalta que quanto maior for a renda desejada, maior será o trabalho para conquistá-la.

Entre as vantagens obtidas pelos contratantes desse tipo de serviço, tem-se:

- desobrigação de vínculo empregatício;
- delegação de atividades operacionais e burocráticas;
- ganho de tempo para cuidar dos assuntos estratégicos de seu negócio;
- maior produtividade para realizar suas atividades principais.

Segundo a autora, não é fácil administrar o início de qualquer empreendimento ou carreira e apresentar resultados. Mas, com muito trabalho, foco, disciplina, qualidade e eficiência, é possível que o profissional secretário ou assessor remoto alcance o sucesso e a satisfação profissional e pessoal.

Síntese

Para melhor explicar a ciência da assessoria, baseamo-nos, neste capítulo, nos quatro eixos propostos por Nonato Júnior (2009): assessoramento, assessorexe, assessorística e assessorab. Ao apresentar cada um deles, traçamos um paralelo entre uma abordagem mais conceitual e uma abordagem prática, voltada à realidade empresarial. Acrescentamos, ainda, um quinto eixo, a assessovirtu, fruto de uma nova realidade tecnológica vivenciada pelos assessores e de novas demandas por parte de profissionais liberais, que optam por focar em suas atividades principais, terceirizando atividades de cunho administrativo e operacional.

3 Assessoria remota

Flávia Roberta Fernandes

Conteúdos do capítulo:

- Mudanças na profissão de assessoria a partir das transformações tecnológicas.
- O papel da assessoria virtual.
- Como o profissional de assessoria virtual desenvolve suas atividades.
- A assessoria virtual como uma tendência para o agora.

Após o estudo deste capítulo, você será capaz de:

1. analisar a ascensão da profissão de assessoria virtual;
2. avaliar as áreas de atuação profissional e as atividades nelas desenvolvidas;
3. reconhecer os ambientes de trabalho do profissional assessor.

Neste capítulo, abordaremos a assessoria virtual. Entretanto, antes de adentrarmos este universo, falaremos brevemente sobre as transformações que impulsionaram e ampliaram a atuação das organizações e dos profissionais no ambiente digital.

3.1 O mundo agora é digital (e a assessoria também)

O avanço da sociedade, fomentado pelas transformações sociais e tecnológicas e pelo rearranjo das estruturas organizacionais, ocorre desde o que o mundo é mundo. Segundo Pereira (1995), desde o início da civilização, os indivíduos buscaram encontrar formas de se organizar em uma estrutura social que lhes proporcionasse alcançar objetivos e otimizar esforços nas esferas individual ou coletiva. Essa busca por "um 'modelo' de organização que permitisse ao homem o domínio sobre a natureza e os meios físicos de que dispunha, incluindo o seu próprio trabalho e o seu conhecimento" (Pereira, 1995, p. 17) perpassou as revoluções sociais[1] e as eras empresariais[2], chegando à atual sociedade em rede[3] (Castells, 1999).

1 Revolução Agrícola, Revolução Industrial e Revolução dos Serviços/Sociedade do Conhecimento, também denominadas por Toffler (1980) de "ondas de transformação", que marcaram a evolução do homem e da sociedade (Pereira, 1995; Toffler, 1980).

2 Era da produção em massa, era da eficiência, era da qualidade e era da competitividade (Pereira, 1995).

3 "A sociedade em rede, em termos simples, é uma estrutura social baseada em redes operadas por tecnologias de comunicação e informação fundamentadas na microelectrónica e em redes digitais de computadores que geram, processam e distribuem informação a partir de conhecimento acumulado nos nós dessas redes" (Castells, 2006, p. 20).

Em cada um desses marcos históricos, frente a demandas cada vez mais complexas advindas de um cenário de transformações sociais, econômicas, políticas etc., organizações e indivíduos precisaram transformar-se para sobreviver. As organizações passaram a reavaliar seus modelos de gestão[4] e a reinventar produtos, serviços, ações e práticas de trabalho. Semelhantemente, os indivíduos tiveram de desenvolver conhecimentos, habilidades e atitudes e adaptar-se rapidamente às mudanças e aos desafios que se apresentavam, pessoal e profissionalmente.

No mesmo contexto, a propagação da internet, a partir da década de 1990 (Castells, 1999), permitiu que as relações de trabalho e as atividades laborais, executadas tão somente em ambientes presenciais e em locais/sedes definidos pelas organizações, fossem facilitadas e estabelecidas sem delimitação de espaços e barreiras geográficas. Ao mesmo tempo, as formas de trabalho e as modalidades de contrato estabelecidos entre organizações e colaboradores foram aprimoradas, considerando o ambiente virtual e a virtualização das relações.

O virtual, diferentemente do que podemos pensar, não se opõe ao real. Como o próprio significado originário do termo (do latim *virtualis*, força e potência) revela, "é virtual o que existe em potência e não em ato [...] em termos rigorosamente filosóficos, o virtual não se opõe ao real, mas ao atual: virtualidade e atualidade são apenas maneiras diferentes" (Lévy, 1996, p. 15). Para esclarecer esse entendimento, utilizaremos o exemplo apresentado por Lévy (1996, p. 18), com o enfoque na virtualização das organizações:

4 "O modelo de gestão é um conjunto de conceitos e práticas que, orientadas por uma filosofia central, permitem a uma organização operacionalizar todas as suas atividades, seja no seu âmbito interno como externo" (Pereira, 1995, p. 14).

> Tomemos o caso, muito contemporâneo, da "virtualização" de uma empresa. A organização clássica reúne seus empregados no mesmo prédio ou num conjunto de departamentos. Cada empregado ocupa um posto de trabalho precisamente situado e seu livro de ponto especifica os horários de trabalho. Uma empresa virtual, em troca, serve-se principalmente do teletrabalho; tende a substituir a presença física de seus empregados nos mesmos locais pela participação numa rede de comunicação eletrônica e pelo uso de recursos e programas que favoreçam a cooperação. Assim, a virtualização da empresa consiste sobretudo em fazer das coordenadas espaço-temporais do trabalho um problema sempre repensado e não uma solução estável. O centro de gravidade da organização não é mais um conjunto de departamentos, postos de trabalho e de livros de ponto, mas o processo de coordenação que redistribui sempre diferentemente as coordenadas espaço-temporais da coletividade de trabalho e de cada um de seus membros em função de diversas exigências.

Com base nesse trecho, fica fácil entendermos as modificações e a abertura a novas possibilidades de arranjo estrutural das organizações e à atuação do profissional no novo modelo. O modo de trabalho remoto está presente na sociedade desde 1857 e consolida-se a cada dia, em virtude de seus benefícios às organizações e aos profissionais, como apresentado no Quadro 3.1.

Quadro 3.1 – Benefícios do trabalho remoto

Benefícios às organizações	Benefícios aos profissionais
» Redução de custos com estrutura física etc. » Melhoria na produtividade e competitividade. » Menor rotatividade. » Redução de absenteísmo. » Retenção dos talentos profissionais. » Melhoria no clima organizacional. » Favorecimento à imagem institucional da organização. » Ampliação das oportunidades de contratação de pessoas com deficiência. » Segurança em situações contingenciais que podem dificultar o deslocamento dos colaboradores. » Entre outros.	» Melhoria na qualidade de vida. » Maior autonomia ao profissional. » Maior satisfação no trabalho. » Conciliação entre vida pessoal e profissional. » Oportunidades para Pessoas com Deficiência. » Diminuição do tempo de deslocamento, estresse, custos com refeições, vestimentas, veículos, estacionamento etc. » Ampliação do tempo e das oportunidades para aprendizado e aperfeiçoamento profissional. » Redução de riscos com contágio de doenças, acidentes do trabalho, violência no trânsito e afastamentos. » Entre outros.

Fonte: Elaborado com base em Sobratt, 2017, p. 12; ILO, 2020.

Entre os profissionais que podem atuar nessas novas relações de trabalho estabelecidas virtual e remotamente está o assessor. Como não há consenso quanto às nomenclaturas, encontramos na internet as seguintes denominações para aqueles que desempenham o ofício: *assistente virtual/remoto*, *secretária virtual/remota*, *assessoria virtual/remota*, entre outras. Cabe destacar que não é nosso objetivo delimitar ou esgotar as terminologias possíveis na área, mas, em benefício do leitor, para nos referirmos a esse profissional, utilizaremos a expressão ***assessor virtual.***

De acordo com Paes e Santiago (2020, p. 42), o assessoramento virtual define-se pelas "práticas de assessoria executiva executadas à distância" ou, como podemos dizer, facilitadas pela aproximação virtual viabilizada pela internet. Mas, para entendermos a prática virtual, precisamos retomar as definições apresentadas no Capítulo 2 e aplicá-las a esse novo ambiente virtual/remoto.

Para Hopp (1965, p. 107), "assessorar é planejar, recomendar, assistir ou facilitar atividades que, tipicamente auxiliares, são exercidas sem o direito de comando". Complementarmente, Paes e Santigo (2020, p. 44) relacionam assessorar "ao ato de compreender e apoiar, usando seu conhecimento específico como base para prestar assistência no problema existente".

Nesse contexto, podemos dizer que o profissional assessor virtual é aquele que domina as competências técnicas e comportamentais (além de conhecimentos teóricos e práticos) que o habilitam a administrar situações e cogerir tarefas, atividades, ações e projetos para organizações ou indivíduos para os quais presta serviços, virtual ou remotamente. Da mesma forma, valendo-se dessa aproximação que a tecnologia da informação proporciona, a posição assumida pelo profissional o habilita a transitar pelas esferas estratégica, tática e operacional em uma ou mais organizações, estabelecendo conexões e correlações entre elas e os indivíduos, conforme apresentado na Figura 3.1.

Figura 3.1 – Conexões e correlações do assessor virtual com indivíduos e organizações

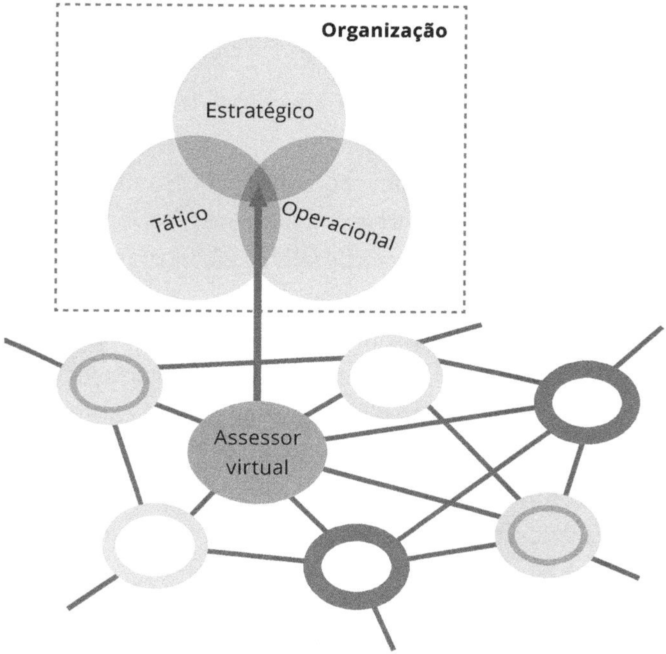

No processo de trabalho remoto, o assessor virtual tem autonomia para executar suas atividades. Contudo, há tanto **responsabilidades explícitas** (formalizadas via contrato) quanto **implícitas** (subentendidas) na relação gestor e colaborador/prestador, conforme apontado a seguir.

- Executar e dedicar-se às atividades dentro do esperado e discutido com os gestores.
- Respeitar horários de trabalho conforme previamente discutido com gestores.
- Manter em ordem equipamentos de informação e comunicação.
- Manter uma comunicação contínua com os gestores, pares e clientes, internos e externos, reportando os incidentes negativos e positivos ocorridos ao longo dos dias.
- Reportar eventuais problemas, pessoais ou profissionais, de forma rápida e imediata a seus supervisores, para seguir atendendo às necessidades do seu cargo.
- Dedicar-se a observar as orientações superiores e especialmente manter rigor quanto às condições de segurança e saúde no trabalho, cumprindo pausas, repousos e intervalos legais.
- Orientar e disciplinar a família no sentido de evitar interrupções e interferências indevidas na execução das atividades. (A pessoa não está "em casa", mas sim "trabalhando em casa").

Fonte: Sobratt, 2017, p. 14.

De igual modo, a atuação do assessor virtual exigirá dele uma rotina de trabalho, ajuste de horários para tarefas pessoais e profissionais, um canal de comunicação direta com o gestor/organização, administração de tempo e de tarefas, domínio de ferramentas tecnológicas e das regras da netiqueta (Robertson; Mosier, 2020).

Cabe destacar que a modalidade de trabalho remoto/virtual levanta alguns desafios tanto para os profissionais quanto para as organizações: aumento da demanda por suporte da tecnologia da informação, questões de segurança de dados, definição de limites e separação da vida pessoal e profissional, isolamento social e profissional, entre outros (ILO, 2020).

3.2 Por onde começar?

Como comentamos, são diversos os benefícios do trabalho remoto, tanto para as organizações quanto para os profissionais. Entretanto, para que o assessor virtual tenha uma rotina de trabalho flexível, consiga conciliar questões pessoais e profissionais e possa melhorar sua qualidade de vida (Fanzeres; Lima, 2018; Ferreira Júnior, 2000), algumas ações podem ser implementadas.

Segundo Ferreira Júnior (2000), a implantação e a prática do trabalho remoto têm etapas, que vão desde o planejamento e preparo do ambiente até medições de desempenho e ampliação da atividade para toda a empresa. Valendo-nos dessa referência e transpondo-a para a atuação do assessor virtual, podemos delinear algumas etapas importantes para a área, seja para profissionais em início de carreira, seja para aqueles que querem aprimorar sua prática:

» **Planeje sua atuação**: o planejamento auxiliará na estruturação de sua forma de trabalhar e de se apresentar como assessor virtual. Considere que você, profissional de assessoria virtual, é um negócio e, como tal, deve definir com clareza **o que fará**, **como fará**, **quando fará**, **onde fará**, **por que fará** e **quanto custará**. O planejamento deve dar uma ideia geral do negócio, contemplando missão, visão e valores, limitações e potencialidades, serviços, atividades e custos, além de fornecer uma análise de clientes, mercado de atuação e estratégias para divulgação dos serviços. Uma ferramenta que pode ser utilizada para facilitar a construção desse planejamento é o **PM Canvas**[5]. Sua metodologia preconiza a coleta simplificada de informações, por meio de perguntas direcionadas em cada um dos nove blocos definidos para a estruturação de um projeto de negócio (Dornelas, 2017).

» **Prepare um local e faça dele seu ambiente de trabalho**: o assessor virtual tem liberdade para escolher o local em que realizará suas atividades. A definição do ambiente de trabalho é parte fundamental de sua atuação, visto se tratar do espaço em que passará a maior parte do tempo. A maioria dos profissionais trabalha em casa (*home office*) ou em ambientes colaborativos, para minimizar gastos de locação de espaços físicos. No entanto, apesar da economia e da comodidade, é importante levar em consideração alguns fatores ergonômicos no preparo do ambiente, tais como a postura do corpo, o conforto dos móveis (cadeira e mesa), a ventilação e a iluminação do espaço, os ruídos sonoros, entre outros. Lembre-se de que, em muitos momentos, será necessária a realização de reuniões *on-line*, com gestores e organizações, e, portanto, o ambiente de trabalho deve estar preparado para recebê-los, ainda que virtualmente.

» **Verifique ferramentas e equipamentos de trabalho**: assim como a organização do ambiente de trabalho, algumas ferramentas são essenciais para a realização da assessoria virtual. As relações de trabalho e a comunicação ocorrem por

5 PM CANVAS. Disponível em: <http://pmcanvas.com.br/>. Acesso em: 24 mar. 2021.

meio da conectividade promovida pela internet, em ambiente virtual. Para tanto, os instrumentos básicos que você deve ter são: boa conexão com a internet, computador, *webcam*, telefone celular, impressora e materiais de escritório. O assessor também deve considerar o uso de ferramentas de videoconferência, gestão de *e-mails*, gestão de agenda, gestão financeira para otimização de tempo e de tarefas. Falaremos mais sobre isso no Capítulo 5.

» **Delimite um portfólio de serviços**: o assessor virtual deve ter definição das atividades e serviços que prestará aos gestores e às organizações que tenham interesse em contratá-lo; inclusive, esses serviços devem constar no planejamento inicial de seu negócio. Cabe destacar que, além dos serviços a serem realizados, você deve ter em mente a forma de operacionalizá-los, mensurando metodologias e ferramentas que serão utilizadas, tempo de execução de tarefas, possíveis custos extras e limitações, entre outras informações relevantes.

» **Inicie pequeno, mas pense grande**: como veremos a seguir, há uma variedade de opções e oportunidades de atuação para o assessor virtual. Entretanto, você deve verificar quais atividades está apto a desenvolver e quais se sente seguro e confortável para realizar. O ideal é iniciar com poucos serviços e clientes e aumentá-los gradativamente. A expansão do negócio dependerá das habilidades e competências adquiridas, assim como da capacidade de absorver demandas, automatizar processos, reinventar-se e se atualizar constantemente.

» **Organize sua rotina de trabalho**: estabeleça uma agenda e planeje suas atividades, diária e semanalmente. Dessa forma, é possível ter uma visão geral das demandas de cada cliente. Considere também organizar e realizar os serviços por similaridade (por exemplo, gestão de agenda, gestão de *e-mail*, cotações etc.). O assessor virtual é considerado polivalente e executor de uma variedade de tarefas; entretanto, é importante concentrar energia em cada atividade para evitar distrações, minimizar erros e otimizar o uso do tempo. Você deve, ainda, incluir, no período do dia mais produtivo, as tarefas que exijam maior esforço intelectual e conhecimentos mais aprofundados (elaboração de planos de *marketing*, produção de conteúdo, atividades de pesquisa técnico-científica etc.); as atividades mais rotineiras podem ser realizadas nos demais horários.

» **Preze pelo equilíbrio**: não confunda liberdade e flexibilidade nos horários de trabalho com trabalho ininterrupto, 24 horas do dia. É necessário estabelecer horários de iniciar e finalizar as atividades – uma rotina. Da mesma forma, é importante realizar pausas para se alongar, se alimentar, se hidratar ou até tomar um cafezinho, permitindo que o corpo e a mente "respirem", descansem e possam recomeçar.

» **Mantenha-se atualizado**: a sociedade está em constante transformação, e a cada dia surgem novos métodos, técnicas, ferramentas e instrumentos de trabalho, os quais devem ser acompanhados pelo assessor virtual. Para tanto, ele deve atualizar suas técnicas e seus comportamentos por meio de formações e cursos que agreguem valor à sua prática profissional, bem como seus conhecimentos sobre assuntos de interesse geral e sobre o contexto organizacional.

» **Crie sua rede de contatos**: nenhum profissional desenvolve seu trabalho de maneira isolada; pelo contrário, a colaboração entre pares e a formação de uma rede de contatos fortalece e promove a atuação do assessor virtual. Uma estratégia que auxiliará na construção de sua rede envolve: participar de eventos na área de assessoria (presenciais ou virtuais); acompanhar páginas e redes sociais de especialistas no ramo; realizar cursos de formação ou atualização; estabelecer parcerias com fornecedores e indivíduos que auxiliem em sua prática profissional, com conhecimento especializado, mentoria, dicas de trabalho, ferramentas e suportes administrativo, financeiro, tecnológico, entre outros.

» **Divulgue seu trabalho**: para que seus potenciais clientes conheçam seus serviços, é importante elaborar estratégias de divulgação. Utilize a internet e as redes sociais a seu favor e faça desses canais sua vitrine. Invista tempo na criação e no gerenciamento de redes sociais (Facebook, Instagram, LinkedIn) e produza periodicamente conteúdo relevantes e atrativos ao público que deseja atingir.

» **Mensure e analise suas atividades**: como vimos, a assessoria virtual deve ter um planejamento. Além disso, você deve ter clareza do tempo que levará para desempenhar cada serviço e atividade. Dessa forma, poderá estabelecer prazos, metas e medir seu desempenho. Do mesmo modo, será capaz de identificar ajustes necessários em seus processos, avaliar a possibilidade de administrar novas demandas e atrair novos clientes.

3.3 Principais atividades

Para a construção do portfólio de serviços e atividades que podem ser desenvolvidas pelos profissionais de assessoria virtual, vamos nos basear nos eixos de Nonato Júnior (2009), apresentados no Capítulo 2, e no descritivo de serviços prestados por escritórios virtuais secretariais, de Paes e Santiago (2020). Além disso, reordenaremos e categorizaremos os serviços em: assessoria operacional, assessoria estratégica, assessoria intelectual e assessoria digital.

A **assessoria operacional** engloba atividades técnicas e fundamentais da rotina de escritório, tais como as tarefas administrativas e financeiras/contábeis, conforme exemplos do Quadro 3.2.

Quadro 3.2 – Serviços de assessoria operacional

Serviços administrativos	**Serviços financeiros/ contábeis**
» Gerenciamento de agenda e reuniões. » Gerenciamento e acompanhamento de tarefas. » Gerenciamento de viagens pessoais e corporativas. » Gestão de correspondências e documentos (físicos e virtuais). » Arquivística. » Gestão eletrônica de documentos. » Elaboração e redação de documentos empresariais. » Controle de registro de clientes. » Seleção e contratação de fornecedores/serviços. » Atividades afins.	» Controle financeiro (fluxo de caixa) pessoal e organizacional. » Controles bancários (conciliação). » Gestão de pagamentos e de impostos. » Elaboração de orçamentos. » Gestão de documentos contábeis. » Negociações financeiras (clientes/fornecedores). » Gerenciamento de compras. » Acompanhamento de propostas comerciais. » Cobrança de clientes. » Levantamentos, cotações, elaboração de planilhas. » Atividades afins.

Fonte: Elaborado com base em Nonato Júnior, 2009; Paes; Santiago, 2020.

A **assessoria estratégica** é composta por atividades de planejamento, organização, direção e controle de ações e projetos organizacionais. Também envolve ações que abrangem fluxos de informação e que têm relação com outras áreas do conhecimento, conforme exemplos do Quadro 3.3.

Quadro 3.3 – Serviços de assessoria estratégica

» Comunicação organizacional. » Controle do fluxo informacional. » Relacionamento interpessoal. » Interface com fornecedores, clientes etc. » Organização e elaboração de treinamentos e palestras. » Gestão de eventos físicos e virtuais. » Atividades de recursos humanos. » Processos de gestão da qualidade. » Elaboração de *briefing* e projetos. » Gestão de projetos. » Elaboração de plano de *marketing*. » Acompanhamento de produções gráficas e campanhas institucionais. » Atividades afins.

Fonte: Elaborado com base em Nonato Júnior, 2009; Paes; Santiago, 2020.

A **assessoria intelectual** inclui atividades de cunho acadêmico e voltadas à produção, à utilização e ao compartilhamento de conhecimento técnico ou científico, conforme exemplos do Quadro 3.4.

Quadro 3.4 – Serviços de assessoria intelectual

» Coleta, tratamento e análise de dados. » Atividades de pesquisa técnico-científica. » Assessoria em publicação e editoração. » Elaboração de materiais para a divulgação da organização e/ou do profissional. » Produção de conteúdos textuais, discursivos e midiáticos. » Assessoria científica. » Gestão de projetos de pesquisa. » Elaboração de procedimentos e padronizações organizacionais. » Atividades afins.

Fonte: Elaborado com base em Nonato Júnior, 2009; Paes; Santiago, 2020.

Por fim, a **assessoria digital** compreende atividades promovidas graças à conectividade e à proximidade estabelecidas pela internet, tanto nas relações pessoais quanto nas profissionais. Nesse sentido, a comunicação com gestores, clientes, fornecedores e outros exige ações e serviços especificamente pensados para esse ambiente virtual, conforme descrito no Quadro 3.5.

Quadro 3.5 – Serviços de assessoria digital

» Gerenciamento virtual. » Gerenciamento de reputação *on-line*. » Gestão de mídias e redes sociais. » Atendimento e monitoramento virtual de interações dos clientes. » Comunicação com seguidores de *instagramers*, *digital influencers*, *youtubers* etc.). » Produção de conteúdo (vídeos, *e-books*, *podcasts*, *webinars*, entre outros). » Gestão de parceiros. » Gestão de imagem na mídia. » Planejamento e gerenciamento de comunicações de crise. » Atividades afins.

Fonte: Elaborado com base em Dietrich, 2013.

3.4 Uma tendência de mercado para "o agora"

O assessor virtual atua de maneira autônoma e personalizada, adequando-se às especificidades e às necessidades de gestores e organizações, e, como o próprio título já antecipa, atua primordialmente de forma virtual. Entretanto, o fato de privilegiar o ambiente virtual não impede nem invalida o modelo tradicional presencial de assessoria.

Atrelado à condição de prestador de serviço está o fato de que o assessor se torna o responsável pelo custo de seu espaço de trabalho e dos equipamentos e ferramentas que utiliza (Barros et al., 2012). Por isso, a relação de prestação de serviços remota pode ser estabelecida e documentada via contrato de prestação de serviço entre as partes.

Preste atenção!

A relação de trabalho com o assessor virtual pauta-se na prestação de serviço, diferentemente da relação estabelecida entre empregador e funcionário na modalidade de teletrabalho.

A modalidade de teletrabalho foi inserida na Consolidação das Leis Trabalhistas (CLT) pela Lei n. 13.467, de 13 de julho de 2017. No art. 75-B, Capítulo II-A, o teletrabalho é definido como "a prestação de serviços preponderantemente fora das dependências do empregador, com a utilização de tecnologias de informação e de comunicação que, por sua natureza, não se constituam como trabalho externo" (Brasil, 2017).

Em seguida, no art. 75-C, apresenta-se a necessidade de indicação e registro da modalidade no contrato de trabalho estabelecido entre as partes (empregador e empregado): "a prestação de serviços na modalidade de teletrabalho deverá constar expressamente do contrato individual de trabalho, que especificará as atividades que serão realizadas pelo empregado" (Brasil, 2017).

Nesse sentido, a modalidade de teletrabalho ocorre entre organizações que autorizam a realização das atividades de seus funcionários fora das dependências da empresa.

A relação de prestação de serviços do assessor para uma organização ou indivíduo pode ser definida da maneira que melhor convier às partes. O profissional pode ser contratado para desenvolver um ou mais serviços pontuais, por horas de trabalho diárias ou mensais, ou por sua atuação em projetos durante um período. Essa flexibilidade permite-lhe atender e assessorar simultaneamente mais de um cliente.

No entanto, antes de estabelecer novos contratos, o assessor deve sempre estar atento à sua capacidade de assumir novas demandas e cumpri-las. Para tal, ele precisa: ter uma visão geral de sua carteira de clientes (com atividades e prazos de cada um deles); organizar e otimizar tarefas e serviços semelhantes; administrar o tempo das atividades, eliminando distrações; e estabelecer comunicação constante com seus clientes quanto ao andamento dos serviços.

A cobrança dos honorários pelo assessor virtual deve levar em consideração sua forma de contratação (serviço pontual, horas de trabalho ou projetos), as especificidades de cada cliente e os custos operacionais. Os valores a serem praticados na prestação dos serviços deve considerar também a complexidade da atividade, o tempo de execução, o nível de formação, a experiência e prática do profissional, a abrangência da atuação, entre outros fatores. Ressaltamos que, uma vez negociados os termos do contrato, eles devem ser respeitados e cumpridos por ambas as partes.

A prestação de serviços estende-se tanto aos indivíduos e às organizações dos setores público e privado, terceiro setor e setor 2.5 quanto às áreas educacional, jurídica, hospitalar, comercial, industrial, de eventos, digital etc. Da mesma forma, o ambiente virtual amplia geográfica e institucionalmente a atuação do profissional, não ficando ele restrito a uma localidade/região ou instituição.

Cabe destacar, ainda, que a valorização de um profissional está atrelada ao conhecimento adquirido ao longo de sua carreira. A escolarização instrumentaliza o indivíduo social e intelectualmente, capacitando-o a exercitar sua cidadania. Por esse motivo, não podemos desconsiderar a importância de cada nível de formação – desde o técnico até a graduação, pós-graduação, *lato sensu* (especialização) ou *stricto sensu* (mestrado e doutorado) –, sendo esses estágios a serem percorridos caso o profissional deseje ampliar suas possibilidades de atuação, inovar em seus processos e conectar-se com as demais áreas da sociedade.

Exemplo prático

O trabalho remoto é uma tendência mundial, que se intensificou – e revelou seus benefícios aos resistentes e temerosos a mudanças – a partir de março de 2020, com a pandemia da covid-19. Com um terço da população mundial em isolamento social, como forma de redução do contágio da doença causada pelo coronavírus Sars-CoV-2, o comportamento dos consumidores foi alterado, o que trouxe impactos sociais, econômicos, sanitários, educacionais e organizacionais (Brasil, 2020; Google; IAT, 2020).

Antes do período de isolamento social, o brasileiro tinha uma média de mais de 10 horas diárias fora de casa, sendo 8 horas e 40 minutos no trabalho, 2 horas e 7 minutos no trânsito e, aos acadêmicos, mais 4 horas e 30 minutos estudando. Durante a pandemia, os indivíduos passaram a permanecer 24 horas em casa e a trazer as atividades realizadas externamente para o ambiente doméstico (Google; IAT, 2020).

Esse fato histórico revelou a tecnologia como "vetor principal para adaptação" em um momento em que foi necessário virtualizar as ações dos indivíduos para estudo, trabalho, reunião de amigos etc. (Google; IAT, 2020, p. 91). De acordo com estudo promovido pela Google e IAT (2020, p. 93), "o COVID-19 acelera a transição da sociedade para a banda larga e a digitalização em pelo menos uma década. Na quarentena, internet torna-se o vetor principal para realização das atividades em todas as esferas".

A partir desse cenário de adaptação e mudanças, o trabalho remoto foi impulsionado no Brasil. Da mesma forma, cresceu a busca por plataformas de videoconferência para o estabelecimento de comunicações pessoais e profissionais, demonstrando assim o potencial desse mercado para a utilização de novas tecnologias, serviços e soluções por meio da internet (Google; IAT, 2020). Segundo o Google e IAT:

> Ainda não conseguimos medir o impacto de tudo isso, mas a verdade é que **o mundo não será mais o mesmo**. Durante esse período de isolamento, aceleramos ainda mais a transformação digital de nossas vidas, das nossas relações e de nossos negócios. **Esse, será marcado por um dos períodos de transformação da idade moderna, no qual modelos de negócio irão surgir ou emergir aproveitando oportunidades que até então eram inexistentes.** (Google; IAT, 2020, p. 191, grifo nosso)

Para saber mais

ANCEV – Associação Nacional de *Coworkings* e Escritórios Virtuais. Disponível em: <https://ancev.org/>. Acesso em: 24mar. 2021.

SOBRATT – Sociedade Brasileira de Teletrabalho e Teleatividades. Disponível em: <http://www.sobratt.org.br>. Acesso em: 24 mar. 2021.

SOBRATT – Sociedade Brasileira de Teletrabalho e Teleatividades. **Estudo Home Office 2018.** Disponível em: <http://www.sobratt.org.br/site2015/wp-content/uploads/2018/12/pesquisa-sap-2018-completa.pdf>. Acesso em: 24 mar. 2021.

Se interessou pelo tema de teletrabalho? Conheça um pouco mais da Lei. n. 13.467/2017.

BRASIL. Lei n. 13.467, de 13 de julho de 2017. **Diário Oficial da União**, Poder Legislativo, Brasília, DF, 14 jul. 2017. Disponível em: <http://www.planalto.gov.br/ccivil_03/_ato2015-2018/2017/lei/l13467.htm>. Acesso em: 24 mar. 2021.

Síntese

A assessoria virtual é uma modalidade de atuação profissional impulsionada por mudanças sociais e organizacionais proporcionadas pelas tecnologias da informação. A proximidade e o estabelecimento de interações sociais e profissionais no ambiente virtual permitiram que atividades não mais precisassem ser desempenhadas em determinado espaço físico, inovando-se, assim, a forma de assessorar gestores e organizações. Entretanto, o novo modelo em nada difere do modelo tradicional em termos de atuação profissional.

A aderência a esse modelo de trabalho remoto e virtual apresenta benefícios, tanto às instituições quanto aos profissionais, em termos de redução de custos, retenção de talentos, ampliação de oportunidades, maior independência profissional, melhoria na qualidade de vida, entre outros. Ao mesmo tempo, atuar remotamente impõe ao profissional responsabilidades explícitas e implícitas, da mesma forma que requer a execução de atividades e serviços de maneira autônoma, organizada e com o devido domínio de habilidades técnicas, comportamentais e tecnológicas.

A implantação do trabalho remoto pode seguir etapas que auxiliem o assessor virtual no desenvolvimento de sua carreira, tais como planejamento, organização do ambiente de trabalho, uso de ferramentas e equipamentos adequados, delimitação dos serviços prestados, estabelecimento de rotina de trabalho, atualização profissional, criação de rede de contatos e divulgação adequada dos serviços.

4 Assessoria virtual: métodos e tecnologias de suporte

Flávia Roberta Fernandes

Conteúdos do capítulo:

» Organização da rotina de trabalho e gestão de documentos.
» Métodos para auxiliar na organização das atividades do profissional de assessoria.
» Ferramentas para a execução das atividades da assessoria remota.

Após o estudo deste capítulo, você será capaz de:

1. descrever a importância do uso de ferramentas tecnológicas para o desempenho das atividades de assessoria;
2. diferenciar e selecionar as ferramentas que facilitam a prática diária do assessor remoto;
3. implementar técnicas e ferramentas que auxiliem a atuação do assessor remoto.

Como já vimos, o assessor atua em uma função estratégica, de maneira transversal, percorrendo várias áreas em uma organização, e sua posição de facilitador e suporte aos seus gestores imediatos permite-lhe estabelecer conexões internas e externas à instituição. As competências e habilidades técnicas e comportamentais são a base para sua atuação, as quais podem ser transpostas para o regime remoto/virtual.

Nesse sentido, o propósito deste capítulo é apresentar alguns métodos para a organização das atividades do profissional de assessoria virtual, ferramentas de comunicação e de suporte para a execução de atividades, de gestão de documentos virtuais e de tempo, além de técnicas de produtividade.

4.1 Planejamento das atividades do profissional

As ferramentas e os métodos são um suporte às atividades do assessor virtual e, por esse motivo, derivam de um planejamento prévio, considerando a rotina de trabalho, o grau de importância e de urgência das tarefas e as formas de sistematizá-las e otimizá-las.

A **delimitação da rotina** deve ser ponderada em termos de dias, semanas e meses. Por isso, o planejamento deve começar com uma distribuição das tarefas em períodos do dia, e, para tanto, é importante reservar uma hora para pensar e organizar essa dinâmica. Alguns fazem isso no domingo, outros na primeira hora da segunda-feira, e há os que o façam no final da sexta-feira. Uma vez delimitada a semana, a cada dia, antes de iniciar suas tarefas, reveja o que está programado, verifique se não há pendências do dia anterior e reordene as atividades, caso necessário.

Cabe ressaltar a importância de definir as atividades com base nos 12 meses do ano, considerando eventos pontuais que acontecerão em determinado mês, ou até mesmo um projeto a ser organizado em um espaço de alguns meses, com prazos a serem cumpridos. Nesse planejamento, é preciso incluir a reserva de datas específicas para participação em eventos pessoais ou profissionais, períodos de férias, entre outros. Algumas ferramentas que facilitam esse processo são as **agendas (virtual ou de papel)**, os **blocos de notas** e os **gestores de tarefas**.

Conforme dissemos, para a organização da rotina, as tarefas devem ser analisadas sob o prisma do grau de **importância e urgência**. Para tanto, a ferramenta matriz de gerenciamento de tempo (ou matriz de Eisenhower) auxilia na definição de prioridades e ordem de execução a partir de quatro quadrantes, conforme apresentado na Figura 4.1.

Figura 4.1 – Matriz de gestão de tempo

<table>
<tr><td rowspan="2">É urgente e precisa ser...</td><td>realizado hoje?</td><td colspan="2">Não importante e urgente
(DELEGUE PARA OUTRA PESSOA)
3</td><td colspan="2">Importante e urgente
(FAÇA IMEDIATAMENTE)
1</td></tr>
<tr><td>realizado nesta semana?</td></tr>
<tr><td rowspan="2">Não é urgente...</td><td>e pode ser feito neste mês?</td><td colspan="2">Não importante e não urgente
(ELIMINE)
4</td><td colspan="2">Importante e não urgente
(PLANEJE)
2</td></tr>
<tr><td>e pode ser feito em até um ano?</td></tr>
<tr><td></td><td></td><td>e ainda atrapalha?</td><td>e não tem utilidade?</td><td>necessário?</td><td>crítico?</td></tr>
<tr><td></td><td></td><td colspan="2">Não é importante...</td><td colspan="2">É importante e...</td></tr>
</table>

Fonte: Nakagawa, 2020.

Os quadrantes são: (1) importante e urgente; (2) importante e não urgente; (3) não importante e urgente; (4) não importante e não urgente. As atividades alocadas no quadrante 1 devem ser priorizadas, por sua dimensão, complexidade e prazos de entrega. No quadrante 2 estão as tarefas que têm flexibilidade na entrega e podem ser programadas. As do quadrante 3 exigem certa atenção, visto que nem sempre trazem urgência, mas podem tomar nosso tempo. Já as do quadrante 4 devem ser repensadas, delegadas ou até eliminadas (Xavier, 2018).

Destacamos que imprevistos sempre podem surgir, mas também devem ser observados a partir da perspectiva de urgência e importância antes de serem incluídos na rotina de trabalho. Por isso, é necessário rever diariamente a agenda e considerar a reserva de um "espaço livre" para o encaixe de eventuais demandas extras. Após a organização das atividades, cabe avaliar quais tarefas demandam maior nível de energia, produtividade, foco e concentração, a fim de reunir as que forem semelhantes nesses aspectos em períodos específicos do dia, para a **otimização do tempo**.

Por fim, uma atenção especial deve ser dada à prática do **registro e sistematização das informações**, que envolve a anotação de *insights*, deliberações de reuniões e toda e qualquer informação que possa subsidiar a tomada de decisão. Segundo Ahren (2005, p. 1), essa estratégia de anotação "é uma prática consagrada pelo tempo, que remonta ao início da escrita em si", permanecendo e intensificando-se na era da informação e do conhecimento.

Somos bombardeados diariamente com muitas informações e, se confiarmos somente em nossa memória, podemos cair no esquecimento ou ficar sobrecarregados, com a sensação de estresse e ansiedade. Entre os dispositivos que podem auxiliar nesses registros estão os **mapas mentais** e as **ferramentas colaborativas**.

4.2 Ferramentas de suporte para a execução de atividades

Nesta seção, não detalharemos ferramentas específicas, mas trataremos das finalidades, da aplicabilidade e da funcionalidade de instrumentos que auxiliam na gestão da comunicação e das atividades, de forma individual ou colaborativa.

Ferramentas para gestão da comunicação

» **Correio eletrônico (*e-mail*)**: uma das principais ferramentas para troca de mensagens pessoais ou institucionais. Em muitos casos, pode ser considerado um documento, e sua elaboração e seu manuseio exigem critérios, como veremos adiante. O *e-mail* permite enviar e receber mensagens, com a inclusão de arquivos adicionais em diversos formatos e extensões.

» **Dispositivo móvel**: o telefone sempre foi um instrumento indispensável para a comunicação. Entretanto, o equipamento que era utilizado para realizar chamadas telefônicas evoluiu e transformou-se em um "computador de mão", permitindo troca de mensagens eletrônicas, acesso ao correio eletrônico, redes sociais e tantas outras funcionalidades; as chamadas telefônicas, inclusive, ficam hoje em um segundo plano.

» **Aplicativos de mensagens instantâneas**: permitem o recebimento e o envio de mensagens em tempo real, em formato de texto, áudio, vídeo, além de imagens, documentos, *links* etc. Ademais, há o recurso de criação de grupos de pessoas com interesses em comum e/ou que participam de alguma atividade em comum.

- **Ferramentas de videoconferência ou videochamada**: facilitam a conexão de indivíduos separados geograficamente e permitem a reunião de indivíduos, de maneira informal, para um bate-papo, ou formal, para reuniões, eventos. Dispõem de recursos para comunicação entre dois ou mais indivíduos, além de interação via *chat*, envio de documentos, imagens, compartilhamento de tela, vinculação com canais virtuais de transmissão ao vivo, entre outros.
- **Ferramentas de gerenciamento de comunicação de equipes**: são ambientes que centralizam, em um único espaço virtual, as conversas trocadas entre indivíduos e equipes. Algumas funcionalidades permitem criar grupos por projetos e tarefas.
- **Redes sociais**: considerado um ambiente de estabelecimento de relações pessoais e profissionais, as redes sociais permitem a comunicação tanto por meio de comentários públicos quanto de mensagens instantâneas privadas, além do compartilhamento de imagens, documentos, *links* etc.

Ferramentas para gestão de atividades

- **Ferramentas de gerenciamento de agenda**: semelhantes à agenda física, com disposição de dias e horários e calendário(s). Entre seus diferenciais, estão: possibilidade de convidar indivíduos para reuniões e receber confirmação; opção de programar lembretes para atividades ou reuniões agendadas; inclusão de informações como notas, local de realização do evento (presencial ou virtual); organização de interface/*layout* para apresentação dos compromissos com uma visão geral do ano, do mês, da semana ou do dia. Para o agendamento de reuniões, há também ferramentas que permitem ao organizador enviar enquetes aos participantes, a fim de que cada um selecione sua disponibilidade.

» **Ferramentas de gerenciamento de tarefas**: permitem o registro, o controle e o acompanhamento de tarefas e subtarefas, contendo detalhes como descrição, responsáveis, arquivos, comentários e prazo de entrega. Algumas permitem que as atividades sejam compartilhadas e realizadas por mais de uma pessoa ou por um time, com a possibilidade de acompanhar a evolução das tarefas que foram delegadas.

» **Ferramentas de organização**: assemelham-se às ferramentas de gerenciamento de tarefas, com registro, controle e acompanhamento. Facilitam a visualização de atividades e projetos, com a possibilidade de inclusão de especificações, vinculação com agenda, armazenamento de documentos, comentários e compartilhamento com indivíduos e equipes. Algumas delas dispõem de *templates* personalizáveis para a organização de conteúdos em forma de listas, blocos de atividades etc.

» **Ferramentas de gerenciamento de notas**: permitem o registro e o armazenamento de notas e arquivos em formato de áudio, vídeo e outros. Algumas possibilitam a criação de pastas e subpastas, ao passo que outras apresentam *layout* semelhante ao de um caderno, com subdivisões. Em geral, têm opção de busca, facilitando a recuperação de uma anotação ou informação a partir de palavras-chave.

» **Gerenciamento de *e-mails***: como o *e-mail* é um dos principais mecanismos de comunicação entre indivíduos e organizações, há algumas ferramentas de gerenciamento que ajudam a manter a caixa de entrada livre de conteúdos indesejados. Elas permitem, por exemplo, o cancelamento de inscrição em listas, a organização de mensagens por categoria ou, ainda, o vínculo com ferramentas de gestão de tarefas, que possibilitam redirecionar *e-mails* e transformá-los em tarefas.

» **Ferramentas de suporte administrativo e financeiro**: servem para a elaboração de textos, planilhas, apresentações, base de dados etc., como é o caso do pacote *Office* da Microsoft. Há também ferramentas específicas para gestão financeira, com extensões de vínculo bancário, cadastro de contas, cartões e outros.

» **Ferramentas de digitalização de documentos**: aplicativos que podem ser instalados nos dispositivos móveis e que permitem, por meio da câmera do celular, a captura de imagens de documentos. Funcionam como um *scanner* e possibilitam o envio de arquivos via *e-mail* ou seu armazenamento em ambientes virtuais próprios para esse fim.

» **Ambientes e ferramentas para compartilhamento e edição conjunta**: espaço virtual para criação, edição e compartilhamento de textos, planilhas e apresentações. Esses ambientes podem ser utilizados como repositórios, como veremos adiante.

» **Ferramentas de criação de mapas mentais**: permitem registrar informações e *insights* por meio de esquemas de gráficos, os quais estabelecem conexões entre ideias. Algumas possibilitam a inclusão de arquivos, imagens e *links*, por exemplo, além de compartilhamento de material e edição conjunta.

A internet apresenta, diariamente, uma variedade de ferramentas virtuais que podem ser incluídas nas categorias que trouxemos, além de extensões acessórias, como aplicativos de lembretes, *post-its*, armazenamento de páginas da internet para acesso posterior etc. Mas cabe lembrar que esses recursos devem ser selecionados de acordo com a necessidade e precisam ser de fácil manejo pelo assessor virtual e pelas partes envolvidas nas atividades, de modo que não se tornem entraves à prática profissional.

4.3 Gestão de documentos eletrônicos

As tecnologias da informação modificaram não apenas as formas de relacionamento e comunicação entre indivíduos, mas também a maneira de produzir, direcionar e armazenar informações. Graças a elas, tornou-se possível manter os documentos não apenas em formato físico, mas também eletrônico.

Segundo o Arquivo Nacional (Brasil, 2005, p. 75), o documento digital/eletrônico "é um gênero documental integrado por documentos em meio eletrônico ou somente acessíveis por equipamentos eletrônicos". Nesse sentido, os documentos físicos ou digitais são um instrumento de registro de informações na prática diária de qualquer profissional, servindo de suporte para a tomada de decisão. Por esse motivo, sua organização e sua gestão, assim como seu manuseio e sua guarda, devem permear a rotina do assessor virtual.

A partir da definição de gestão de documentos como "o conjunto de procedimentos e operações técnicas referentes à sua produção, tramitação, uso, avaliação e arquivamento em fase corrente e intermediária, visando a sua eliminação ou recolhimento para guarda permanente" (Brasil, 1991), podemos considerar que a gestão adequada de documentos físicos ou digitais envolve atenção aos detalhes, tanto na elaboração quanto na utilização e no armazenamento.

A **elaboração** requer que o documento contenha elementos que facilitem sua recuperação (data, assunto, destinatário etc.), e que não sejam produzidos documentos em duplicidade ou sem necessidade. A **utilização** inclui o manuseio, o recebimento e/ou a destinação de documentos para indivíduos ou organizações. Essa fase engloba classificação e categorização para posterior arquivamento. Por fim, o **armazenamento**, última etapa, requer a definição quanto à guarda (por tempo determinado) ou a eliminação do documento (Paes, 2004; Moraes; Oliveira, 2015).

Os documentos são classificados de acordo com seu gênero (escritos/textuais, cartográficos, informáticos, macrográficos e audiovisuais) e natureza (ostensivos ou sigilosos) (Brasil, 2001; 2016; Paes, 2004). Neste capítulo, focaremos na gestão dos escritos utilizados para estabelecer a comunicação no contexto virtual: **as correspondências eletrônicas (*e-mails*)**. Posteriormente, trataremos do gerenciamento de documentos em nuvem.

4.3.1 Gestão de correspondência eletrônica

Para tratarmos de correspondência eletrônica, precisamos entender o conceito de *correspondência*. Segundo Paes (2004, p. 31), trata-se de "toda e qualquer forma de comunicação escrita, produzida e destinada, a pessoas jurídicas ou físicas e vice-versa, bem como aquela que se processa entre órgãos e servidores de uma instituição". Com as tecnologias da informação e da comunicação, a troca de mensagens entre indivíduos e organizações, realizada anteriormente de maneira física, pelo correio, podendo demorar dias para chegar ao destino, transformou-se e evoluiu para a correspondência eletrônica.

Entretanto, a facilidade de comunicação e a instantaneidade no envio de mensagens aumentou o fluxo de envio e de recebimento de *e-mails*, gerando acúmulo e uso de espaço de armazenamento nas caixas de entrada. Diante dessa questão, não basta pensar que a eliminação de mensagens antigas sanará o problema, uma vez que poderá gerar uma segunda preocupação, a eliminação de mensagens e/ou documentos importantes.

Nesse sentido, a gestão de correspondência eletrônica deve, primeiramente, definir se uma mensagem, trocada entre indivíduos, equipes ou instituições, é um documento arquivístico, ou seja, de caráter institucional, podendo ter informações iniciadas, em fase de desenvolvimento ou finalizadas. Em um segundo momento, é preciso identificar informações tais como cabeçalho, corpo do *e-mail* e documentos adicionais (anexos).

O **cabeçalho** é composto pelos seguintes campos:

> "de", "para", "cc" (do inglês *carbon copy* – "cópia carbono" – ou simplesmente "com cópia"), "cco" (do inglês *blind carbon copy* – "cópia carbono oculta" – ou simplesmente "com cópia oculta"), "assunto" e indicação de anexos. Além das informações contidas nesses campos, são registradas, no cabeçalho, outras informações estruturadas que podem ou não ser exibidas, como "data e hora de envio" e "data e hora de recebimento". (Conarq, 2012, p. 15)

As informações contidas nesses campos são auxiliares para posterior recuperação dos documentos eletrônicos. Por isso, o detalhamento no campo assunto, com dados estruturados e classificados, podem facilitar o manuseio da mensagem.

O **corpo do texto** deve empregar a norma culta da língua e ser estruturado de maneira coerente e coesa, a partir de um objetivo claro, com introdução, desenvolvimento e conclusão. A elaboração do documento deve observar o público a que se destina, com o emprego dos devidos pronomes de tratamento, termos técnicos ou demais elementos que se façam necessários. Da mesma forma, deve-se encerrar a mensagem com despedida (atenciosamente, cordialmente, respeitosamente etc.) e identificação do remetente, com "nome, cargo, órgão ou entidade, endereço completo, telefone/fax, correio eletrônico" (Conarq, 2012, p. 17). Por fim, os documentos adicionais (anexos) "podem apresentar-se em qualquer formato, tais como: arquivos de processadores de texto e planilhas, vídeos, arquivos de áudio etc." (Conarq, 2012, p. 15).

Ademais, pode-se desenvolver estratégias de organização da caixa de entrada de *e-mails*, por meio da criação de pastas e subpastas, nomeadas com palavras-chave, para o agrupamento de documentos em categorias. A classificação pode ser um critério adotado para a redação dos *e-mails*, facilitando o posterior arquivamento das mensagens. A definição de prazos de guarda, de acordo com a validade legal, pode ser outra estratégia para triagem e eliminação de documentos (Conarq, 2012). Segundo o Conarq (2012, p. 27), "recomenda-se ao usuário acessar, no mínimo, duas vezes ao dia, a sua caixa postal para apagar a mensagem de correio eletrônico sem interesse profissional, a fim de promover a redução do volume documental a ser avaliado".

Por fim, alguns fatores de etiqueta, ou etiqueta eletrônica, podem ser adotados para o envio de correspondências:

- » prefira elaborar seu texto fora da caixa de correio, pois, deste modo, é possível garantir uma reflexão adequada sobre o conteúdo elaborado e evitar envios indevidos, assim como perder a mensagem por instabilidade do correio eletrônico;
- » não supervalorize sua mensagem e restrinja o uso de marcadores de prioridade (urgente, importante) àquelas que, realmente, necessitem dessa marcação;

» atente para o uso da função "responder para todos" quando a resposta se destina a um destinatário específico; e

» reconheça as limitações do uso do correio eletrônico, tais como: a mensagem pode não chegar ao seu destino, pode ter sido identificada como *spam*, o destinatário pode não checar sua caixa de correio eletrônico regularmente. (Conarq, 2012, p. 19)

No próximo tópico, apresentaremos algumas recomendações para a organização de um espaço de armazenamento na nuvem, que podem ser adaptadas e aplicadas à gestão do correio eletrônico.

4.3.2 Gestão de documentos eletrônicos em nuvem

A gestão e o armazenamento dos documentos físicos e eletrônicos permeiam as atividades profissionais e envolvem a organização de documentos de maneira padronizada, a fim de garantir a segurança das informações e sua recuperação, quando necessário. Para tanto, dada a virtualização das organizações e a atuação remota do assessor, o uso de repositórios em nuvem tem crescido.

O armazenamento em nuvem permite a guarda e o compartilhamento de documentos, pessoais ou organizacionais, em um espaço virtual administrado por empresas terceiras. Esse tipo de serviço tem especificidades de acordo com a necessidade dos profissionais e organizações, contando com versões gratuitas e pagas, estas com maior amplitude de funcionalidades (Microsoft Azure, 2021). Os ambientes virtuais mais conhecidos são os oferecidos pelas empresas Google (*Google Drive*), Apple (*iCloud*), Microsoft (*OneDrive*) e Dropbox (*Dropbox*).

Entretanto, cabe destacar que o armazenamento em nuvem não deve ser visto como um depósito de documentos; a organização dos materiais nesses espaços deve ocorrer de maneira a facilitar a recuperação e o compartilhamento de informações. Para tanto, a gestão dos arquivos virtuais pode apropriar-se de técnicas utilizadas pela arquivística, tais como levantamento e classificação de documentos, sistemas e métodos de arquivamento, prazos de guarda, entre outros.

Nesse sentido, de maneira prática, recomendamos três etapas para a gestão dos espaços virtuais de armazenamento: planejamento, implantação e manutenção, conforme descrito a seguir.

I. **Planejamento – defina o espaço virtual e como ele estará estruturado**
   - Verifique o ambiente virtual que melhor atenda à sua necessidade de armazenamento, avaliando funcionalidades, versões (gratuita ou paga) e liberações de acesso.
   - Analise os tipos de documentos que farão parte desse repositório virtual.
   - Defina regras de organização, como: estrutura do ambiente e arranjo de pastas e subpastas, a partir de categorias definidas (por exemplo: *setor administrativo/financeiro*, *documentos empresariais*, *relatórios* etc.); restrições de acesso (liberado a todos ou restrito).

II. **Implantação – inicie a organização do repositório virtual**
   - Crie as pastas considerando um grande grupo e as subpastas como desdobramentos do grupo. Elas podem ser divididas por categorias ou por métodos de arquivamento, como classificações alfabética, numérica, por assunto etc. Exemplos: pasta **Financeiro** com as subpastas **Pagamentos**,

Recebimentos, **Orçamentos**; pasta **Administrativo** com as subpastas **Documentos empresariais**, **Relatórios**.

- Nomeie as pastas com títulos curtos, que resumam seu conteúdo com palavras-chave. Considere ainda que quanto mais documentos armazenamos, mais subpastas podem surgir, ano a ano. Por esse motivo, pense em incluir critérios temporais, considerando, por exemplo, que, dentro da pasta **Financeiro**, na subpasta **Recebimentos**, é possível ter a distinção dos anos de **2018**, **2019**, **2020** e assim por diante (OHUB, 2021).
- Ao criar um documento, armazene-o diretamente na pasta de destino, definindo um padrão de organização e facilitando a localização posterior (OHUB, 2021).
- Documentos que passem por revisões devem ser intitulados com uma breve descrição e com indicação de versão (1, 2 etc.) (OHUB, 2021).
- Verifique cada documento e seu tempo de armazenamento; dessa forma, a gestão dos documentos pode considerar, assim como na arquivística, o estágio dos arquivos. Os documentos de uso frequente devem ficar em uma pasta corrente, de fácil acesso, e os documentos de uso não tão frequente, em pastas intermediárias ou permanentes.
- É possível criar uma pasta de "arquivo morto" para manter os documentos até que cumpram seu prazo de guarda e possam ser excluídos definitivamente.
- Tenha o cuidado de não criar documentos ou pastas sem necessidade ou em duplicidade.

III. **Manutenção – tenha o hábito de verificar periodicamente a organização dos documentos e das pastas**

- Reveja documentos e pastas, reordenando os arquivos de acordo com a necessidade ou a utilização.
- Crie o hábito de realizar *backups* e cópias de documentos e pastas (OHUB, 2021).
- Caso exclua algum conteúdo erroneamente, há ambientes virtuais que realizam o salvamento automático dos arquivos e permitem sua recuperação via histórico de salvamento.

Cabe destacar que a organização do espaço virtual de armazenamento e as etapas ora detalhadas devem ser pensadas de acordo com as especificidades dos profissionais, das equipes e das organizações.

4.4 Gestão de tempo e técnicas de produtividade

A utilização de nossas 24 horas diárias deve ser pautada em escolhas que refletem nossas prioridades, o que consideramos importante. Como vimos no início deste capítulo, precisamos observar o grau de importância e de urgência de uma atividade para priorizar sua realização. Além desses critérios, podemos ter outras técnicas como aliadas nesse processo diário, que nos auxiliem a otimizar nosso tempo e aproveitá-lo com maestria. Vejamos algumas delas a seguir.

4.4.1 Monitoramento de tempo ou *time tracking*

As ferramentas de monitoramento do tempo, ou *time tracking,* servem para facilitar a organização de nossa dinâmica diária. Seu funcionamento é simples: ao iniciar uma tarefa ou etapa de projeto, o usuário aciona um cronômetro, desligando-o ao finalizá-la. A partir desses registros, são gerados relatórios e gráficos que permitem visualizar o tempo gasto em cada atividade, por dia, semana, mês e ano. Além disso, é possível fazer ajustes e correções nos dados, caso necessário.

A prática desse tipo de monitoramento favorece o estabelecimento de uma relação de transparência com os clientes para os quais o assessor virtual presta serviços, uma vez que a emissão de relatórios pode ser uma comprovação das horas de trabalho.

Entre as opções que verificamos disponíveis na internet, há ferramentas gratuitas, com configurações básicas, e versões pagas, com maior variedade de funcionalidades. Para escolher uma delas, é necessário ponderar o objetivo da utilização, a interface da ferramenta e a facilidade de operá-la, a fim de descobrir se atenderá às necessidades do usuário.

4.4.2 Técnicas de produtividade

Apresentamos, a seguir, quatro técnicas de produtividade que auxiliam na concentração e na definição de intervalos e pausas. São elas: Pomodoro, *Flow Time,* Autofoco e *Getting Things Done* (Inovação Sebrae Minas, 2018).

» **Pomodoro**

A técnica Pomodoro disciplina e desenvolvimento, sendo um treino constante até à prática. Uma vez que a prática cresce e torna-se um hábito, a concentração e o foco tendem a aumentar. Sua aplicação envolve um tempo para o desenvolvimento das tarefas seguido de algumas pausas, conforme apresentado na Figura 4.2.

Figura 4.2 – Aplicação da Técnica Pomodoro

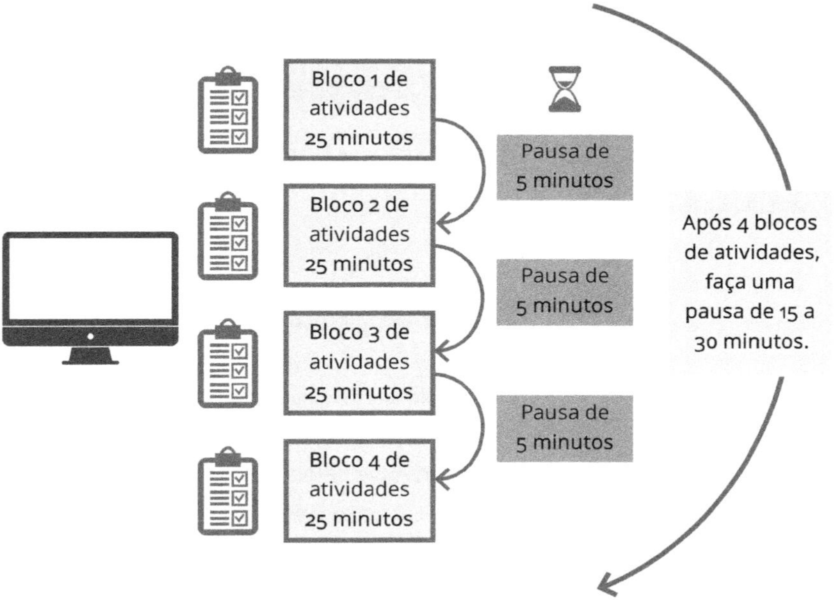

T. Lesia e IhorZigor/Shutterstock

Fonte: Elaborado com base em Inovação Sebrae Minas, 2018.

Em termos práticos, a técnica Pomodoro organiza a realização das tarefas em blocos de 25 minutos. Ao fim de cada bloco, realiza-se uma pausa de 5 minutos. Uma vez que forem completados quatro blocos de atividades, o intervalo de descanso deve ser de 15 a 30 minutos. O controle do tempo pode ser feito por meio de aplicativos, alarmes programados no celular, cronômetros ou *timers* (Inovação Sebrae Minas, 2018).

» ***Flow Time***

Seu nome, em tradução livre, quer dizer “fluxo de tempo”. Ela apresenta os mesmos pontos positivos da Pomodoro: cômputo do tempo das atividades, foco em grupos de atividades durante determinado período, realização de pausas e intervalos (vide Figura 4.3).

Figura 4.3 – Aplicação da técnica *Flow Time*

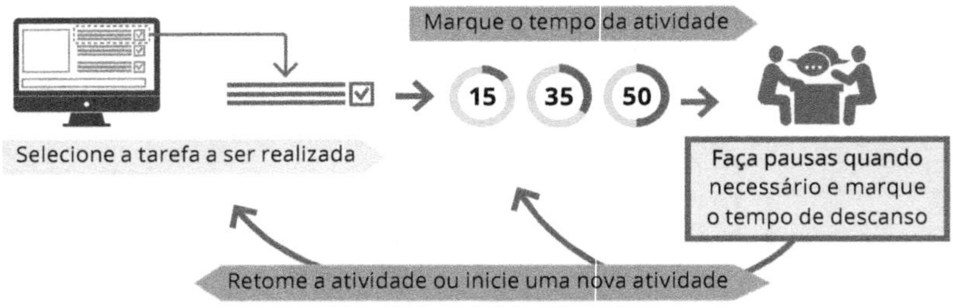
Marque o tempo da atividade
15
35
50
Selecione a tarefa a ser realizada
Faça pausas quando necessário e marque o tempo de descanso
Retome a atividade ou inicie uma nova atividade
T. Lesia e IhorZigor/Shutterstock

Fonte: Elaborado com base em Inovação Sebrae Minas, 2018.

De forma prática, a técnica envolve selecionar uma tarefa e, ao iniciá-la, começar a cronometrar o tempo. Quando necessário, são realizados intervalos, também cronometrados. Após a pausa, retorna-se à atividade, ou, caso esta já tenha sido finalizada, inicia-se uma nova. Assim, cabe a cada pessoa administrar sua energia, sua concentração e seu ritmo.

Nesse sentido, é possível observar que a técnica Pomodoro exige maior disciplina, ao passo que, na técnica *Flow Time,* a dinâmica entre trabalho e pausas é mais flexível (Inovação Sebrae Minas, 2018).

» **Autofoco**

Seu objetivo é a execução das tarefas propriamente ditas, com foco na evolução e na finalização das demandas. Para tanto, trabalha a partir de três listas, conforme apresentado na Figura 4.4.

Figura 4.4 – Aplicação da técnica Autofoco

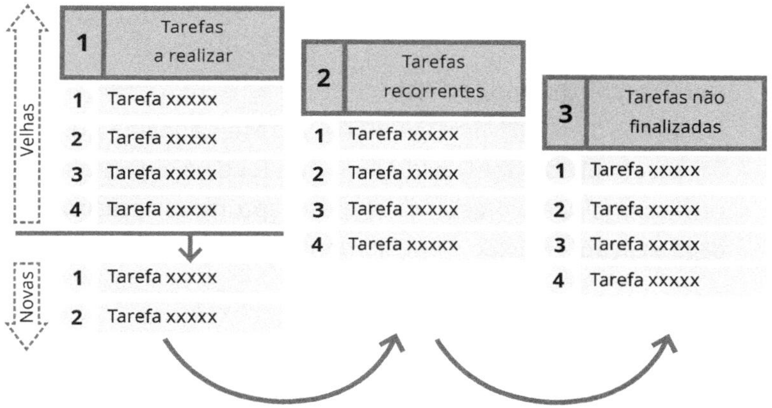

Fonte: Elaborado com base em Inovação Sebrae Minas, 2018.

A **primeira lista** deve conter todas as atividades a serem realizadas. Depois de incluir a última tarefa, encerre a lista traçando uma linha. Todas as "novas" atividades que surgirem devem ser incluídas após essa linha; ou seja, as tarefas acima dessa linha serão tarefas "velhas" e as depois dessa linha serão as tarefas "novas". Comece a realizar as tarefas uma a uma, a partir da lista das tarefas "velhas". Após finalizar as tarefas "velhas", inicie as tarefas "novas", uma a uma, até concluí-las.

Perceba que a **segunda lista** envolve tarefas que são recorrentes, que se repetem, são corriqueiras e/ou diárias, como, por exemplo, checar os *e-mails*. Já a lista de **tarefas não finalizadas**, como o próprio nome já diz, envolve atividades não concluídas ou pendentes.

É importante lembrar que nem sempre concluiremos uma tarefa, seja ela velha ou nova. Nesse caso, ela deve ser deslocada para a lista de **não finalizadas**. Incluir uma tarefa nessa lista não significa que ela não será feita, mas que carece de alguma definição ou ação antes de ser retomada (Inovação Sebrae Minas, 2018).

» ***Getting Things Done* (GTD)**

O método *Getting Things Done* (GTD), apresentado na Figura 4.5, foi desenvolvido por David Allen, com foco na vida pessoal e profissional, e envolve cinco etapas: captura, esclarecimento, organização, reflexão e engajamento (Allen, 2020; GTD, 2021).

Figura 4.5 – Método *Getting Things Done*

T. Lesia e IhorZigor/Shutterstock

Fonte: Elaborado com base em GTD, 2021.

A etapa de **captura** envolve um processo de coleta, e, para isso, é necessário anotar e registrar, em um papel, bloco de notas ou aplicativo do celular/computador, o que está em sua mente e detém sua atenção.

O **esclarecimento** inclui o processamento das informações que foram coletadas. A partir disso, "decida a próxima ação e projeto (se mais de uma ação for necessária). Caso contrário, decida se é lixo, referência ou algo para colocar em espera" (GTD, 2021).

A **organização** é o processo de ordenar as informações em seus devidos locais, incluindo categorizações apropriadas. A **reflexão**, por sua vez, inclui a "atualização e revisão de todo o conteúdo pertinente do sistema para recuperar o controle e o foco" (GTD, 2021). Por fim, o **engajamento** é a etapa do fazer acontecer. Para isso, "use seu sistema confiável para tomar decisões de ação com confiança e clareza" (GTD, 2021).

Ao implementar a técnica, considere os passos a seguir (Inovação Sebrae Minas, 2018):

1. **Captura**: para coletar as informações, registre todas as atividades a serem realizadas utilizando ferramentas manuais (bloco de notas, papel, agenda etc.) ou digitais (aplicativos). Uma sugestão é fazer esse levantamento de tarefas antes de iniciar a semana.
2. **Esclarecimento e organização**: o processamento das informações inclui verificar cada tarefa e seu grau de importância e prioridade. As tarefas que levam até 2 minutos são as primeiras a serem realizadas; as de maior complexidade e que demandam mais tempo devem ser incluídas na lista *projetos*. Em seguida, realize as tarefas uma a uma, iniciando a próxima apenas após concluir a anterior. Tente se organizar na primeira hora do dia ou no dia anterior. Da mesma forma, considere realizar atividades similares conjuntamente, a fim de otimizar seu tempo e seus esforços.

3. **Reflexão**: confira semanalmente as atividades, revendo prioridades e urgências. Da mesma forma, reordene as tarefas quando houver inclusão de novas demandas.
4. **Engajamento**: é o momento de executar as tarefas, concentrando esforços e energia. Se uma tarefa não está avançando, ou até mesmo está impedindo seu processo produtivo, deixe-a de lado, prossiga para a próxima atividade, e retome-a em um segundo momento.

Preste atenção!

Segundo Allen (2020), a aplicação do método GTD aos iniciantes pode começar um pouco antes. Para isso, o autor apresenta algumas dicas práticas:

1. "Anote o que está em sua mente": registre tudo que estiver pensando, mesmo que isso leve alguns minutos.
2. "Limpe uma gaveta": segundo o autor, esse é um processo terapêutico que coloca o indivíduo no controle da situação.
3. "Utilize um equipamento legal": pode ser um bloco de notas e uma caneta, um aplicativo de celular ou outro material que ajude a iniciar a captura de informações.
4. "Enfrente uma pilha de coisas": todos temos pilhas de materiais que ficaram em algum momento esquecidos, que precisam ser organizados e que podem ser úteis para projetos ou ações futuras.
5. "Exclua uma pasta de *e-mail*": pratique o desapego – sem dúvidas há uma pasta ou alguns *e-mails* desatualizados para serem descartados.
6. "Limpe uma gaveta de arquivo": assim como na "pilha de coisas", os arquivos armazenam materiais que, com o tempo,

perdem seu valor e significado. Reavalie a guarda do conteúdo de seu arquivo.

7. "Faça uma caminhada de dois minutos": ande pela casa ou pelo escritório procurando algo que precise ser feito e que você possa fazer em até dois minutos.
8. Defina e execute a próxima atividade e/ou ação, como, por exemplo, escolher "um local de férias para explorar, um passatempo criativo para começar, um evento especial para montar" (Allen, 2020).

Neste ponto, destacamos que não existe uma regra ou um padrão que determine qual é a melhor entre as técnicas vistas, assim como não existem só as que apresentamos. Elas devem ser pensadas de acordo com o objetivo de utilização e podem ser combinadas e/ou adaptadas conforme a conveniência de quem as utilizará.

Por fim, em meio a tantas ferramentas facilitadoras de nossas atividades e comunicação, devemos sempre observar a importância do indivíduo no processo, bem como suas competências sociais e relacionais. Apesar de todo avanço tecnológico, as habilidades individuais, como empatia, resiliência e criatividade, são fatores que diferenciam homens e máquinas. Por isso, o autoconhecimento e o desenvolvimento pessoal e profissional são fatores primordiais na carreira do assessor virtual. Segundo Elrod (2016, p. 27),

> nosso mundo exterior sempre será um reflexo do nosso mundo interior. Nosso nível de sucesso sempre será um paralelo com nosso desenvolvimento pessoal. Até que dediquemos tempo diariamente para nos desenvolvermos nas pessoas que precisamos ser para criar a vida que desejamos, obter sucesso sempre será uma luta.

O autoconhecimento envolve olharmos para dentro de nós, observarmos pontos fortes, fracos, oportunidade e ameaças e, a partir desse movimento, percebermos como podemos desenvolver e aprimorar cada âmbito de nossa vida. Cabe lembrar que o indivíduo, como ser integral, tem todas as áreas (pessoal, profissional, intelectual, emocional, física e espiritual) conectadas, e suas atitudes e seu desenvolvimento refletem-se em todas elas.

Para saber mais

Que tal saber conhecer novas ferramentas e aplicativos? Confira algumas sugestões a seguir.

- Comunicação, organização, gestão de atividades individuais ou colaborativas:

  SULZ, P. 29 aplicativos de organização para você usar em todas as áreas da sua vida. **Rock Content**, 21 dez. 2017. Disponível em: <https://rockcontent.com/blog/aplicativos-de-organizacao/>. Acesso em: 24 mar. 2021.

- Técnicas de produtividade:

  INOVAÇÃO SEBRAE MINAS. **10 aplicativos que vão ajudar a aumentar a produtividade da sua equipe.** 10 abr. 2017. Disponível em: <https://inovacaosebraeminas.com.br/10-aplicativos-que-vao-ajudar-a-aumentar-a-produtividade-da-sua-equipe/>. Acesso em: 24 mar. 2021.

- Monitoramento de tempo (*time tracking)*:

KICKIDLER. **Os 8 melhores time-trackers para rastreamento de tempo, resenha e comparação de 2020**. 13 jan. 2020. Disponível em: <https://www.kickidler.com/br/info/os-7-melhores-time-trackers-para-rastreamento-de-tempo,-resenha-e-comparacao-de-2019.html>. Acesso em: 24 mar. 2021.

- Autoconhecimento:

ENDEAVOR BRASIL. **5 ferramentas para empreendedores encontrarem seu propósito pessoal.** 18 nov. 2017. Disponível em: <https://endeavor.org.br/desenvolvimento-pessoal/ferramentas-autoconhecimento/>. Acesso em: 24 mar. 2021.

ROSARIO, B. **Análise SWOT pessoal**: tudo o que você precisa saber para se tornar um profissional de alto impacto. Disponível em: <https://manualdasecretaria.com.br/analise-swot-pessoal/>. Acesso em: 24 mar. 2021.

- Para conhecer os detalhes sobre as técnicas, métodos e procedimentos de gestão de documentos e arquivística, indicamos a seguinte leitura:

MORAES, P. E. S.; OLIVEIRA, V. S. **Gestão da Informação e arquivística no contexto secretarial**. Curitiba: InterSaberes, 2015.

Síntese

O assessor virtual desempenha uma posição estratégica, facilitando processos e estabelecendo pontes; é dotado de competências técnicas e comportamentais; e tem os métodos e as ferramentas tecnológicas como aliados na operacionalização e na execução de tarefas.

Nesse sentido, com o aumento do fluxo de informações trocadas virtualmente, cresceu a responsabilidade desse profissional de gerir corretamente documentos eletrônicos. Assim, mais do que nunca, cada etapa de sua prática (planejamento, implantação e manutenção) deve ser pautada em critérios preestabelecidos, com especial consideração a técnicas de gestão de tempo e de produtividade.

5 Gestão de eventos virtuais

Flávia Roberta Fernandes

Conteúdos do capítulo:

» Diferenciação entre estruturas de eventos.
» Apresentação, planejamento e estruturação de eventos virtuais.
» Fontes de recursos e formas de divulgação de um evento.

Após o estudo deste capítulo, você será capaz de:

1. descrever a estrutura de um evento e sua organização;
2. avaliar o planejamento e a organização de um evento virtual;
3. analisar instrumentos de captação de recursos e divulgação de um evento virtual.

Em termos globais, a área de eventos e reuniões, em constante crescimento, movimenta bilhões de dólares anualmente (CWT Meetings & Events, 2020). De acordo com o relatório *II Dimensionamento Econômico da Indústria de Eventos no Brasil – 2013* (Abeoc Brasil; Sebrae, 2014), último realizado na área de eventos, em toda sua cadeia de serviços, o setor de eventos faturou um total de R$ 209,2 bilhões no ano de 2013, isto é, 4,32% do PIB brasileiro. Além disso, os 590 mil eventos no ano contribuíram com a geração de 7,5 milhões de empregos e R$ 48,7 bilhões em impostos (Abeoc Brasil, 2019; Abeoc Brasil; Sebrae, 2014). Esses dados demonstram a importância do setor para a economia do país.

Entretanto, antes de discutirmos os fatores humanos, estruturais e tecnológicos mobilizados pela área, é necessário destacar que existe uma diversidade de tipologias de eventos, e que cada uma cumpre um papel, destina-se a um objetivo e tem características próprias.

5.1 Definindo eventos

Os eventos, em suma, são acontecimentos que promovem o encontro e a interação de um grupo de indivíduos ou instituições para determinada finalidade, seja social, seja profissional, seja cultural etc. Para Bond e Oliveira (2012, p. 52), "o evento é uma estratégia de comunicação, denominada *dirigida aproximativa*, que permite aproximar os diversos públicos. Nele são estabelecidas relações pessoais diretas entre a empresa ou instituição e seu público ou um segmento de público".

Segundo Matias (2013), os eventos são classificados em relação ao seu público-alvo, à área de interesse e ao número de participantes:

» **Público-alvo**: dividem-se em eventos **fechados** (com um público restrito, específico e mediante convites direcionados) e eventos **abertos** (disponibilizado ao público, seja de forma geral e ampla ou minimamente restrita, por meio da adesão de entrada ao evento) (Matias, 2013).
» **Área de interesse**: desmembrados de acordo com áreas do conhecimento e setores ou segmentos da sociedade, sendo eles artísticos, científicos, culturais, desportivos, religiosos, entre outros (Matias, 2013).
» **Número de participantes**: a quantidade de participantes delimita se se trata de microevento (até 50 pessoas), evento pequeno (de 50 a 150 pessoas), evento médio (de 150 a 500 pessoas), grande evento (acima de 500 pessoas) ou megaevento (acima de 5.000 pessoas) (Matias, 2013; Nakane, 2017).

De acordo com Lukower (2015), os eventos podem ser tipificados em: sociais, profissionais, mistos, técnico-científicos, corporativos ou empresariais, artísticos, culturais e religiosos. Cada categoria apresenta características próprias, objetivos específicos e destina-se a um público determinado.

» **Eventos sociais**: podem ser organizados por pessoas ou empresas, para comemorações, confraternizações ou interação entre grupos, sem cunho comercial, em coquetéis, almoços, cafés ou chás, festas (noivado, casamento, beneficente), entre outros (Lukower, 2015).
» **Eventos profissionais**: apresentam cunho comercial e sua promoção estabelece uma relação de consolidação da imagem da organização; podem gerar lucro para a empresa.

Trata-se de eventos como colóquio, convenções, feiras, cursos, desfiles, leilões etc. (Lukower, 2015).

- **Eventos mistos**: mesclam características dos eventos sociais e profissionais, visto que "possuem um caráter comercial ou institucional como um caráter social, como por exemplo uma confraternização após uma convenção" (Lukower, 2015, p. 38).
- **Eventos técnico-científicos**: com enfoque em reunir conhecimento especializado, incluem congressos, conferências, seminários, simpósios, palestras, painéis, mesas-redondas, encontros, semanas temáticas, fóruns, *workshops*, reuniões, entre outros (Lukower, 2015).
- **Eventos corporativos ou empresariais**: compreendem atividades da área organizacional, realizadas interna ou externamente, tais como treinamentos, capacitações, divulgação de produtos ou serviços, reuniões, convenções, entre outros (Lukower, 2015).
- **Eventos artísticos**: *shows* em todas as suas variedades, exposições, mostras, *vernissages* etc. (Lukower, 2015).
- **Eventos culturais**: incluem "desde os certames escolares até as exposições e feiras de arte, apresentações de folclore, entre outros" (Lukower, 2015, p. 39).
- **Eventos religiosos**: estão relacionados às cerimônias que salvaguardam valores de cunho religiosos, como missas, cultos, conclaves, batizados, casamentos, primeira comunhão ou crisma, *bar* e *bat mitzvá* ou *brit miláh* (cerimônias judaicas), encontros, reuniões etc. (Lukower, 2015).

Agora que conhecemos as tipologias dos eventos, é importante entendermos que vários deles podem ser realizados em cenário virtual, salvaguardando suas especificidades, características, objetivos e público a ser atingido.

5.2 Virtualização dos eventos

No início dos anos 2000, a internet comercial iniciou uma mudança no comportamento social no Brasil, apesar das barreiras da conexão discada (instabilidade, velocidade reduzida e custo), que limitavam o acesso a um pequeno grupo de usuários. À época, a utilização dos usuários limitava-se à consulta de *e-mails*, interações em bate-papos e pesquisas na internet (Vilaça; Araujo, 2016). Entretanto, com as facilidades da internet banda larga, o acesso foi ampliado e intensificou-se, reforçando as mudanças comportamentais. Segundo Vilaça e Araujo (2016, p. 25-26),

> Na segunda metade da década passada, o maior acesso às conexões em banda larga contribuiu significativamente para mudanças no uso da internet, o que ampliou não apenas o tempo de acesso e as formas de comunicação, mas também expandiu intensamente as possibilidades de diferentes práticas sociais na sociedade, dentre as quais consumo, educação e entretenimento merecem destaque.

Com o avanço da tecnologia e da conectividade, atividades antes realizadas de forma presencial passaram a ocorrer em ambiente virtual, em razão da rapidez e da liberdade geográfica, e de maneira síncrona e assíncrona. Essa tendência também se difundiu em outros âmbitos: nas transações financeiras e bancárias; nas vendas e compras de produtos pelos *e-commerces;* no gerenciamento de projetos e equipes etc. A internet e as tecnologias digitais de informação e comunicação (TDICs) estabeleceram novas formas de comunicação entre os indivíduos e as potencializaram por meio das redes sociais, já que esses ambientes virtuais "não se limitam mais a ser apenas um meio de relacionamento entre os usuários, mas passam a ser também uma fonte de informação e uma ferramenta para mobilizar e promover mudanças na sociedade" (Vilaça; Araujo, 2016, p. 29).

Nesse cenário de conexão e aproximação digital, em 2020, em decorrência da pandemia de covid-19 e da decorrente necessidade de isolamento social – recomendação da Organização Mundial da Saúde (OPAS, 2021) –, o setor de eventos brasileiro sofreu impacto direto, com cancelamento e remarcação de eventos presenciais (Abeoc Brasil, 2020).

Com isso, indivíduos e organizações desenvolveram rapidamente novas estratégias para a realização de eventos (sociais, profissionais, técnicos, científicos, artísticos, culturais e religiosos), os quais passaram a ser transmitidos pela internet. No entanto, cabe dizer que esse formato de evento apenas se intensificou nesse período de isolamento social, visto que já era praticado anteriormente, mas em menor escala. Os autores Melo Neto (2012) e Nakane (2017) relacionam alguns formatos de eventos que já faziam uso do suporte da internet: visitação a exposições de artes, reuniões, participação em apresentações e acompanhamento de eventos esportivos.

5.3 Eventos virtuais na prática

Os eventos devem ser organizados e estruturados considerando as etapas de planejamento, organização, execução e finalização; entretanto, cada uma das fases deve ser estruturada de forma flexível, a fim de que cada acontecimento ocorra de maneira personalizada. De acordo com Melo Neto (2012, p. 23), "criar eventos e gerenciá-los com base em padrões estabelecidos é o caminho mais curto para o insucesso. Ao contrário um evento de sucesso não segue padrões rígidos, mas cria novos padrões".

Sob esse prisma, os eventos virtuais se fortalecem e podem ser difundidos como um novo padrão de criar e promover acontecimentos. Dado que o relacionamento com o público é estabelecido por meio da conectividade proporcionada pela internet, sem restrição de número de participantes, a diminuição de custos favorece tanto organizadores quanto participantes, e a acessibilidade e a diminuição de barreiras geográficas permitem a participação em eventos em regiões distintas.

Assim como os presenciais, os eventos virtuais passam por três fases: pré-evento, realização e pós-evento. Cada umas delas engloba uma série de atividades a serem criadas, testadas e implementas, a fim de que o evento cumpra seu objetivo. Da mesma forma, consideramos que o engajamento e a participação do público também passam por essas três fases, sendo o principal motivo de sua realização. Abordaremos um pouco mais esse tema a seguir.

5.3.1 Pré-evento

Nessa primeira etapa, os organizadores devem pensar em cada detalhe que fará do evento uma experiência única para o respectivo público-alvo. Cabe frisar que os eventos virtuais diferem dos eventos presenciais em termos de elementos necessários para sua realização. Um evento presencial, por exemplo, inicia-se com um momento de credenciamento e recepção de participantes, em um local físico que disponha de estrutura e suporte tecnológico. Da mesma forma, um dos focos de atenção dos organizadores é o deslocamento e a hospedagem dos palestrantes.

Em contrapartida, em um evento virtual, há maior atenção à estrutura tecnológica para a transmissão *on-line* e concentração de esforços no suporte aos palestrantes e participantes, relativamente à utilização das ferramentas e dos canais de transmissão. Além disso, deve-se cuidar da organização dos equipamentos e da disposição dos espaços pessoais para que os diálogos e as interações aconteçam.

Assim, na fase de pré-evento, a elaboração de um planejamento é indispensável, a fim de que seja possível definir todas as atividades a serem realizadas antes, durante e após o evento. Como trataremos especificamente dos eventos virtuais, daremos ênfase à composição dos itens do planejamento nessa modalidade.

Para isso, tomaremos como base os elementos que compõem um evento na modalidade presencial. Destacamos aqui duas ferramentas que auxiliam os organizadores a coletar informações para o planejamento e o acompanhamento da execução: o *briefing* de eventos e o roteiro de projeto de eventos (Matias, 2013).

O ***briefing* de eventos** é o levantamento prévio de informações relevantes para a elaboração e a organização do evento (Matias, 2013), as quais subsidiarão a construção de um planejamento preciso e que contemple todas as áreas e etapas do evento. A partir do modelo de *briefing* de eventos, proposto por Matias (2013), algumas perguntas podem ser elaboradas, a saber:

» Qual é o tipo de evento a ser organizado?
» A que se propõe o evento? Qual é seu objetivo?
» Quais serão as temáticas tratadas?
» Qual é o título/nome do evento?
» A que público se destina (idade, sexo, faixa etária, escolaridade, entre outros)?
» Qual é o número máximo de participantes?

» Em que data e horário ocorrerá o evento?
» Como será feita a transmissão *on-line*? Em qual rede social?
» Quais são os equipamentos necessários?
» Qual é a programação?
» Quem são os palestrantes/debatedores?
» Quais os recursos financeiros e estruturais necessários?
» Quanto de recurso financeiro há disponível para o evento?
» Quem compõe a equipe de trabalho e quais as competências necessárias?
» Qual é o idioma da transmissão? É necessário intérprete?

Com as respostas a essas perguntas em mãos, é possível partir para a próxima etapa: o planejamento. Ele compreende a elaboração de um documento com informações sistematizadas, para uso dos organizadores. A construção do projeto permite a visualização de cada área do evento e das atividades a serem desenvolvidas. O processo de elaboração do projeto deve seguir um **roteiro de projeto de eventos**, conforme o modelo a seguir.

1) Título: (indicar o nome do evento)
2) Temática(s) do evento: (assuntos abordados no evento)
3) Período de realização do evento: (data(s) e horário(s) de realização do evento)
4) Descrição do evento: (breve apresentação do evento)
5) Objetivos
  5.1 Geral: (indicar a que se propõe o evento)
  5.2 Objetivos específicos: (indicar ações para alcançar o objetivo geral)
6) Justificativa: (relatar o motivo de importância do evento

7) Público-alvo:

7.1 Perfil dos indivíduos: (a quem se destina o evento)

7.2 Quantidade de participantes: (número máximo de participantes)

8) Programação preliminar do evento: (descrição do que ocorrerá ao longo do evento, com o(s) dia(s) e horário(s)

9) Modalidade de inscrições: (gratuita ou valores, taxas e prazos definidos)

10) Local de transmissão: (plataforma ou rede social que transmitirá o evento)

11) Palestrantes/debatedores:

11.1 Convidados: (nomes dos convidados que participarão do evento)

11.2 Informações dos convidados: (breve currículo e informações relevantes)

12) Equipe de trabalho: (equipe de trabalho)

13) Estrutura tecnológica: (equipamentos necessários: *notebook*, *webcam*, microfone etc.)

13.1 Estrutura tecnológica para organizadores

13.2 Estrutura tecnológica para convidados

14) Plano de divulgação e *marketing*:

14.1 Materiais de divulgação: (materiais que serão utilizados para divulgar o evento, como artes gráficas, *eFlyers* etc.)

14.2 Canais de divulgação: (locais em que o evento será vinculado, como mídias e redes sociais, *mailing* etc.)

15) Previsão orçamentária:

15.1 Receitas

15.2 Despesas

16) Cronograma de atividades: (descrição de atividades que devem ser realizadas antes, durante e após o evento)
17) Considerações gerais: (inclusão de itens adicionais, relevantes para o evento)
18) Realização: (organizadores do evento)
19) Apoio: (indicação dos parceiros ou patrocinadores)

Fonte: Adaptado de Matias, 2013.

Em um evento virtual, não há restrição de número de participantes, tal como acontece em eventos presenciais em razão de limitações de espaço. Entretanto, deve-se considerar as especificidades das plataformas e dos canais de transmissão utilizados ou, ainda, a escolha dos organizadores em limitar o evento a um número específico de pessoas.

O evento virtual é uma modalidade que requer autonomia dos palestrantes/debatedores convidados para operar a estrutura tecnológica e organizar seu ambiente para a transmissão *on-line* (iluminação, som, imagem etc.), e dos participantes, para acessar os canais e as plataformas de transmissão. Nesse sentido, os organizadores devem considerar elaborar orientações detalhadas sobre o funcionamento do evento, o acesso às plataformas e aos canais de transmissão e a utilização das ferramentas tecnológicas. Além disso, caso haja disponibilidade dos palestrantes, é indicada a realização de testes e simulações antes do evento.

A escolha dos materiais de divulgação e a seleção de canais de comunicação voltados diretamente ao seu público-alvo, juntamente à vinculação de conteúdos, são formas pensadas tanto para divulgar o evento quanto para ambientar os participantes e promover um clima de expectativa, além de atrair novos públicos. Comentaremos mais sobre divulgação ao final deste capítulo.

5.3.2 Realização

A realização do evento, segundo Matias (2013, p. 182), "é o transcorrer das atividades, ou seja, a aplicação das determinações previstas no pré-evento, na qual todas as etapas do evento são acompanhadas". Nos eventos virtuais, as áreas de secretaria, recepção, apoio logístico, infraestrutura e instalações físicas são desconsideradas, uma vez que o ambiente virtual não apresenta essas demandas.

Inscrições e credenciamento, por sua vez, passam a ocorrer via plataformas *on-line* de gestão de eventos. A recepção dos participantes, que ocorre em eventos presencias, pode ser feita com o envio prévio de materiais e informativos sobre o evento ou com a sugestão de participação em grupos criados em redes sociais.

O transcorrer de um evento virtual conta com o auxílio de um protocolo e de um cerimonial. Entretanto, antes de falarmos sobre eles, é necessário entender o que esses termos significam. O **protocolo** engloba normas, regras e padrões sociais de comportamento definidos para a convivência e interação em determinado momento, sendo utilizado com frequência nas esferas governamentais. Já o **cerimonial** tem o papel de executar e garantir o cumprimento das regras definidas pelo protocolo. Ambos são utilizados para assegurar a ordem e o bom andamento de um evento (Lukower, 2015). Segundo Czajkowski e Czajkowski Júnior (2017, p. 193), "o cerimonial e protocolo fazem parte das fases de um evento, inclusive no planejamento, privilegiando o êxito nos resultados almejados".

O ambiente virtual promove interação dinâmica entre os indivíduos e conexão em tempo real, com informalidade e proximidade como formas de estabelecer comunicação com o público, principalmente nas redes e mídias sociais. Contudo, na realização de um evento virtual, também podemos fazer uso de padrões e regras de comportamento, bem como seguir uma estrutura e uma ordem lógica para uma solenidade. A seguir, descrevemos as etapas desse processo.

» **Antes da transmissão ao vivo**

a) Tenha informações e conheça os participantes para realizar as devidas apresentações.
b) Organize a precedência de fala de acordo com as hierarquias de cargo e importância dos convidados.
c) Tenha a identificação dos nomes dos participantes e cargo/título na tela principal da transmissão.
d) Caso haja convidados estrangeiros, certifique-se de que o evento providenciará interpretação simultânea.
e) Prepare um discurso de abertura e apresente os convidados. Caso a fala dos convidados aconteça nesse momento, cabe lembrar que a ordem de fala é do orador com menor grau de importância para o de maior grau (Lukower, 2015).
f) Em um evento virtual, o mestre de cerimônia torna-se **mediador**, de modo a fazer a ponte entre o diálogo dos convidados e os participantes.

A preparação e a escrita de um discurso, de acordo com Lukower (2015), deve considerar três pontos:

1. Tenha um tema;
2. Concentre-se no tema e desenvolva uma fala de forma objetiva e sucinta; e
3. Finalize o discurso com uma fala de fechamento, passando a palavra aos convidados.

» **Iniciada a transmissão ao vivo**

a) Inicie dando boas-vindas aos participantes e agradeça a presença de todos.
b) Passe a palavra aos organizadores para uma fala de abertura.
c) Apresente os convidados palestrantes/debatedores e dê-lhes a palavra, um por vez, conforme a ordem hierárquica definida.

» **Durante a transmissão ao vivo**

a) Crie um ambiente de interações e dê espaço para o público participar. Segundo Melo Neto (2012, p. 72), "o segredo de sucesso de qualquer evento é a capacidade de fazer o público interagir com ele, portanto, o de criar em ambiente interativo".
b) Solicite que os palestrantes façam pausas em sua fala, dando espaço para a interação com o público.
c) No ambiente virtual, a comunicação ocorre de maneira flexível e, em certos momentos, informal. Entretanto, deve-se atentar para a aplicação da norma culta da língua falada no evento.
d) Como colocado por Lukower (2015, p. 27), "não é preciso dizer que palavrões, expressões grosseiras e gírias não cabem em nenhuma ocasião; em nenhum lugar". E isso vale para o ambiente virtual.

» **Encerramento da transmissão ao vivo**

a) Faça um discurso de fechamento.
b) Agradeça a participação de todos e avise o público sobre a liberação de acesso ao vídeo após o evento.

Nos eventos virtuais, permitir a participação do público por meio de perguntas ou comentários e a interação dos convidados por meio de respostas cria um ambiente de receptividade e proximidade.

5.3.3 Pós-evento

Segundo Czajkowski e Czajkowski Júnior (2017, p. 53), "os eventos necessitam trazer retornos imediatos, bem como desenvolver um relacionamento estruturado e duradouro com os participantes e demais atores envolvidos no processo". Por esse motivo, o pós-evento não pode ser negligenciado. Para tanto, é necessário realizar algumas atividades, entre as quais, segundo Matias (2013), estão:

a) Medir a experiência dos participantes e as necessidades de melhorias, podendo-se utilizar um formulário de avaliação.
b) Enviar certificados de participação para os convidados e participantes.
c) Elaborar relatórios administrativos e financeiros para a prestação de contas e registro das atividades realizadas.
d) Capturar imagens do evento virtual para elaborar um portfólio.
e) Elaborar conteúdo referente à realização do evento para a divulgação pós-evento.
f) Em caso de evento científico, elaborar anais *on-line* e comunicar os participantes.

O relacionamento estabelecido com o público-alvo durante o evento deve ser mantido, visando à sua fidelização para eventos futuros. Por esse motivo, o envio de *e-mails* aos participantes e a publicação de conteúdo nos canais de comunicação devem ser mantidos após o evento.

5.3.4 Objetivo principal: engajar os participantes

Os eventos destinam-se a determinado público e, por esse motivo, seu principal objetivo deve ser a participação e o engajamento dos participantes. Segundo Laborie e Stone (2016), é possível identificar e medir se o público está engajado (vide Quadro 5.1), e algumas ações podem ser adotadas para que isso aconteça.

Quadro 5.1 – Engajamento dos participantes em um evento virtual

Participantes engajado	Participante não engajado
» Fazem perguntas » Estão focados e atentos » Demonstram entusiasmo » São espontâneos » Têm curiosidade » Demonstram-se dispostos	» Apenas seguem o movimento » Demonstram desinteresse » São passivos, entediados e frustrados » Demonstram reatividade, indiferença e resistência

Fonte: Elaborado com base em Laborie; Stone, 2016.

O mediador tem um papel-chave para que o engajamento em um evento virtual aconteça. De acordo com Laborie e Stone (2016), os mediadores (incluindo convidados/palestrantes) devem desenvolver certas competências, de acordo com quatro grupos de ações, a saber: agilidade técnica, presença no ar, preparação e engajamento dos participantes. No Quadro 5.2 apresentamos cada uma delas.

Quadro 5.2 – Competências para os mediadores

Agilidade técnica	» Atender prontamente aos questionamentos, aos pedidos de fala e às interações no *chat* ou mecanismo de interação utilizado. » Conduzir a atenção dos participantes sempre para o material expositivo e para as referências indicadas pelos convidados. » O foco da atenção deve ser sempre o convidado/palestrante. » Prestar suporte necessário aos participantes, tanto em relação ao ferramental quanto disponibilizando os materiais e as referências indicadas pelos convidados/palestrantes. » Ter domínio das ferramentas usadas e estar preparado; entretanto, se surgirem situações inesperadas, agir com calma e transparência, informando que buscará alternativas para resolver os problemas e fazê-lo rapidamente.
Presença no ar	» Comunicar-se de maneira clara, com fluidez na fala, realizar determinadas pausas e utilizar um vocabulário correto. » Alternar cuidadosamente o tom da voz para trazer dinamismo à fala. » Mostrar-se atento e empático aos questionamentos dos participantes. » Observar se o ambiente tem devida iluminação, optando por fundos neutros no local em que fará a transmissão. » Verificar o volume do áudio e se o ambiente não tem interferência de ruídos externos para que os participantes possam ouvir adequadamente. » Atentar para a imagem que transmitirá; cuidado com a aparência (maquiagem, cabelo, vestimentas etc.).

(continua)

(*Quadro 5.2 – conclusão*)

Preparação	» Verificar a conexão com a *internet*, o uso da plataforma selecionada e os equipamentos necessários (computador, *webcam*, microfone). » Estar preparado e conhecer o conteúdo que será abordado e apresentado. » Baixar os materiais que serão utilizados nas apresentações e testar sua projeção na plataforma que será utilizada. » Realizar, antes da sessão ao vivo, teste com os palestrantes/convidados e com o material que será utilizado na plataforma. » Verificar previamente a lista de participantes do evento, nomes, áreas de atuação e informações relevantes no ato de suas inscrições. » Antever e estar preparado para possíveis imprevistos.
Engajamento dos participantes	» Instigar o público a perguntar, comentar e participar. » Enquanto o convidado/palestrante estiver falando, estar atento ao *chat* ou à ferramenta de interação e interagir com os participantes. » Combinar com o convidado momentos de pausa em sua fala para abordar as perguntas dos participantes. » Apresentar ao convidado/palestrante as perguntas dos participantes, uma a uma. » Gerenciar o tempo, cumprir os horários definidos e avisar aos convidados e participantes do tempo restante de apresentação. » Durante as falas e apresentações, utilizar aplicações práticas e estudos de caso.

Fonte: Elaborado com base em Laborie; Stone, 2016.

O sucesso de um evento virtual está atrelado ao engajamento e à participação do público (Laborie; Stone, 2016). Para que isso aconteça, o desenvolvimento das competências dos mediadores deve estar atrelada ao planejamento e à execução das atividades propostas em cada fase do evento.

5.4 Captação de recursos

Na etapa de planejamento, os organizadores devem indicar no projeto os custos do evento (despesas), bem como os recursos financeiros disponíveis ou necessários (receitas) para que ele seja realizado. As inscrições ou os ingressos para um evento são formas de adquirir receitas; entretanto, o valor cobrado para a participação, mesmo sendo definido pelos organizadores com base nos custos operacionais e nos valores praticados em eventos similares, em muitos casos, não cobre as despesas totais. Nesse sentido, a captação de recursos é uma estratégia utilizada para identificar e acessar fontes de recursos, tradicionais ou alternativas, que possam subsidiar as atividades.

Segundo Camargo (2019, p. 68), "captar recursos é uma atividade que demanda tempo e energia e pode exigir ações pessoais, sociais ou profissionais". Semelhantemente ao planejamento de um evento, a captação de recursos também deve ser estruturada em um projeto com base nas necessidades de recursos financeiros, nos objetivos, no prazo para a captação, no público, na área de interesse, no número de participantes etc. Para uma melhor visualização de que itens compõem um projeto de captação de recursos, indicamos, a seguir, um exemplo voltado para a área de eventos:

Roteiro para elaboração de projetos de captação de recursos

1. **Título**: (indicar o nome do evento)
2. **Resumo**: (descrever brevemente os principais pontos do projeto de captação para o evento proposto; máximo de uma página)
3. **Introdução**: (apresentar a proposta do evento, temática, público-alvo e informações relevantes sobre ele)
4. **Justificativa**: (a justificativa deve apresentar o motivo pelo qual o projeto está sendo elaborado. Por isso, destaque a importância para a área profissional ou do conhecimento a que se destina o evento)
5. **Objetivos (geral e específico)**: (a que se propõe o evento e quais ações serão realizadas para alcançar seu objetivo)
6. **Metas**: (as metas devem ser desdobramentos dos objetivos específicos, traçados de forma de forma mensurável)
7. **Metodologia**: (para que os objetivos propostos sejam alcançados, é necessário que atividades, técnicas, métodos e ferramentas sejam definidos)
8. **Orçamento**: (baseado na previsão orçamentária, a partir das receitas e despesas, destacando cada item de custo para que seja possível visualizar a necessidade de captar recursos e sua destinação)

9. **Cronograma**: (descritivo de atividades que devem ser realizadas antes, durante e após o evento)
10. **Avaliação de resultados**: (indica as formas de medir quais objetivos gerais, específicos e metas foram alcançados)
11. **Referências**: (registro de materiais, dados e referências para a construção do projeto)
12. **Anexos**: (registro de informações relevantes para o projeto)

Fonte: Elaborado com base em Sesi, 2009.

Uma vez elaborado o projeto de captação de recursos, é necessário identificar as fontes de financiamento disponíveis e que contemplem a modalidade de eventos. Para tanto, a captação pode ocorrer por meio de fontes de recursos tradicionais, alternativas, individuais ou empresariais (Nakane, 2017). Na Figura 5.1, apresentamos algumas delas. Entretanto, ressaltamos que as fontes de captação de recursos não se restringem aos grupos ou exemplos apresentados aqui.

Figura 5.1 – Fontes de captação de recursos

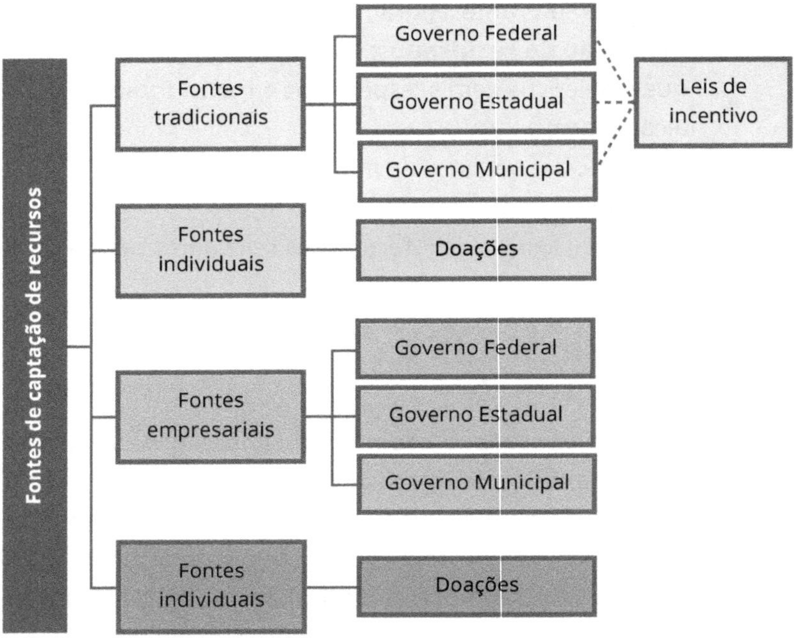

As **fontes tradicionais** são as governamentais, nas esferas federal, estadual e municipal. São subsídios do Estado, por meio de aberturas de chamadas e editais, a fim de custear serviços ou materiais de um projeto ou evento. Também nessa categoria estão as leis de incentivo, uma forma de renúncia fiscal de arrecadação do governo, tendo como finalidade o fomento de determinadas áreas ou projetos (Nakane, 2017).

As **fontes individuais** referem-se à captação com indivíduos (pessoas físicas) por meio de doações. Para tanto, é preciso identificar potenciais doadores, que se interessariam pela temática do evento ou pela área de atuação, apresentar-lhes a proposta do evento e os benefícios de apoiá-lo financeiramente. Como organizador e captador, "você deve trabalhar muito para construir confiança, comunicar claramente e cultivar relacionamentos que vão levar à geração de receitas fixas, assim como um engajamento extremamente valioso" (Heyman; Brenner, 2017, p. 94-95). Vale destacar que o brasileiro tem inclinação para doar. De acordo com o Instituto para Desenvolvimento Social, no ano de 2015, as doações individuais dos brasileiros totalizaram R$ 13,7 bilhões, o que equivale a 0,23% do PIB brasileiro (IDIS, 2015).

Na categoria de **fontes empresariais** estão o patrocínio, o apoio e a permuta. O patrocínio é uma forma de vincular a empresa, o produto ou o serviço ao evento. De acordo com Nakane (2017, p. 181), o patrocínio define-se como "valor de investimento da empresa com o objetivo de associar sua marca a um grande evento; esse valor pode ser em verba ou em cotas. Em contrapartida, o patrocinador fortalece seu nome e sua marca ao mesmo tempo que valoriza o próprio evento".

O apoio não envolve recurso financeiro e pode ser feito como forma de replicar a divulgação do evento para uma rede de contatos ou carteira de clientes. Também pode ser um meio de vincular o nome da instituição ao evento, reforçando, assim, a importância deste para uma área ou um público específico, bem como "promovendo credibilidade com seu uso" (Nakane, 2017, p. 181). A permuta, por sua vez, envolve "trocas realizadas entre produtos de interesse. Por exemplo, fornecimento de divulgação na mídia (ou parte dela) por ingresso ou outro item que seja interessante para o veículo" (Nakane, 2017, p. 181).

Os recursos investidos para a vinculação em um evento, por meio de patrocínio, apoio e permuta, podem ser considerados investimento em divulgação de produto ou serviço, bem como uma consolidação da notoriedade de uma empresa. Segundo Melo Neto (2012, p. 94), "como instrumento de marketing, o evento promove a marca e os produtos de seus patrocinadores e é também utilizado para manter os clientes atuais, conquistar, fidelizar e obter a lealdade dos novos clientes".

Como **fontes alternativas**, temos o *crowdfunding*, também conhecido como *plataforma de financiamento coletivo*. Essa modalidade, considerada uma "campanha on-line para captar doações de indivíduos rumo a um objetivo maior – a famosa 'vaquinha'" (Heyman; Brenner, 2017, p. 176), é vista como uma estratégia que se utiliza do ambiente virtual e da conectividade das pessoas, por meio das redes sociais, para mobilizá-las, apresentando-lhes causas nas quais possam engajar-se e realizar doações.

Isso vale para projetos diversos, em áreas como artes, educação, saúde e eventos. De acordo com Pascoal (2015), essa modalidade de captação teve a primeira plataforma lançada nos Estados Unidos em 2009, tendo chegado ao Brasil em 2011. Desde então, os números demonstram que a doação por meio de plataformas virtuais funciona, já que, em 2014, registrou-se uma arrecadação mundial de 16,2 bilhões de dólares com campanhas nas plataformas de *crowdfunding*.

Após identificar as fontes de captação mais adequadas ao evento que se quer promover, é necessário, no caso das tradicionais, acompanhar os prazos de abertura das chamadas e dos editais e seguir todas suas orientações. Lembre-se de que, uma vez que os organizadores sejam contemplados pelo recurso, é necessário realizar exatamente o proposto no projeto e "gastar o recurso" somente com o que foi aprovado, pois, ao final, será necessário prestar contas.

No caso dos recursos individuais e empresariais, é necessário identificar os potenciais doadores e investidores, contactá-los, apresentar o projeto e, uma vez que o recurso seja adquirido, após sua utilização, prestar contas também. Finalmente, no *crowdfunding*, a campanha deve ser realizada de forma criativa, com divulgação nas redes sociais ou em outros canais e contrapartidas aos que realizarem a doação. Após o alcance e a utilização dos recursos, deve-se igualmente prestar contas da aplicação dos valores aos que participaram da ação.

Um ponto importante em todo esse processo é a transparência. Precisamos lembrar que eventos não ocorrem apenas uma vez e, se queremos ter um portfólio de parceiros para ações futuras, precisamos mantê-los atualizados sobre nossa prática no projeto e sobre a forma como os recursos foram aplicados.

5.5 Divulgação

O ambiente virtual, especialmente as redes sociais, favorece o estabelecimento de conexões interpessoais, com trocas de ideias e experiências por meio de postagens de textos, fotos, vídeos e mídias diversas. Como essas interações destacam tendências de comportamento e de consumo, a internet estabeleceu-se como meio fundamental de comunicação entre indivíduos e organizações e como ferramenta de divulgação de eventos em todas as suas modalidades.

Assim sendo, o sucesso de um evento virtual depende da definição de estratégias de *marketing* adequadas, que atuem para "sensibilizar o público-alvo com informações e mensagens para motivá-lo e gerar interesse" (Nakane, 2017, p. 223). Essas estratégias devem considerar a linguagem e os canais de comunicação utilizados pelo público-alvo, traçar perfis de interesse e antever barreiras e dificuldades que possam surgir para o contato com os possíveis participantes (Ramos, 2019).

A partir dessas definições, é possível analisar estratégias utilizadas para estabelecer uma comunicação direta com o público que se almeja alcançar para o evento. Vejamos, a seguir, algumas delas.

» **Elaboração de *home page* do evento**: forma de divulgação e de disponibilização de informações aos participantes e interessados. É possível considerar a vinculação a *sites* de gestão de eventos para agregar funcionalidades, como inscrições, submissões de trabalhos, entre outros (Nakane, 2017).
» ***E-mail marketing***: lista de contatos para divulgação do evento e para comunicação com os participantes antes, durante e após sua realização. Existem ferramentas específicas para o envio de *e-mail marketing*, com versões gratuitas e pagas, estas com maior variedade de funcionalidades (Rodrigues, 2018; Nakane, 2017).
» **Redes sociais pessoais/profissionais**: redes como Facebook, Instagram e Twitter são veículos para comunicar aos contatos dos organizadores ou convidados sobre o evento. Uma funcionalidade útil do Facebook nesse sentido é a criação de eventos, com a possibilidade de enviar convites e confirmar presença. Da mesma forma, Facebook, Instagram e LinkedIn permitem divulgar eventos ou comunicação direcionada a um público específico, definido pelos organizadores (Nakane, 2017; Rodrigues, 2018).
» **Ferramentas pagas**: é possível aumentar o alcance da divulgação por meio de ações de mídia, com o uso de ferramentas como Google Ads (*links* patrocinados) e o Facebook/Instagram Business (Ramos, 2019).
» **Divulgação a grupos específicos**: cada evento destina-se a um grupo profissional ou a um domínio específico do

conhecimento. Nesse sentido, uma estratégia é realizar um levantamento das organizações que compõem a área a que se destina o evento e estabelecer um contato direto com os responsáveis, a fim de realizar o convite e solicitar apoio para a replicação das comunicações.

Por fim, vale mencionar que também é possível disseminar as informações de um evento por meio da replicação de mensagens pelos contatos das redes dos organizadores e dos convidados. A adoção dessa estratégia serve para atingir um público mais amplo do que a própria rede de seguidores (Camargo, 2019).

Exemplo prático

Em 2020, com a pandemia de covid-19, os eventos públicos foram cancelados, o isolamento social instaurou-se mundialmente e 98% das empresas brasileiras do setor de eventos foram afetadas.

Nesse cenário de readaptação, foram realizados casamentos virtuais, a primeira formatura virtual de uma universidade federal, além de *tours* por exposições de arte e apresentações artísticas pelo mundo todo. Confira:

1. Primeiro casamento virtual de Minas Gerais, realizado em abril de 2020:

R7. **Noivos celebram primeiro casamento virtual de Minas Gerais**. 30 abr. 2020. Disponível em: <https://noticias.r7.com/minas-gerais/balanco-geral-mg/videos/noivos-celebram-primeiro-casamento-virtual-de-minas-gerais-30042020>. Acesso em: 24 mar. 2021.

2. Primeira formatura virtual realizada pela Universidade Federal do Paraná em maio de 2020:

TOKARSKI, J. **UFPR forma 92 médicos em colação de grau antecipada**. 7 maio 2020. Disponível em: <https://www.ufpr.br/portalufpr/noticias/ufpr-formara-92-medicos-em-colacao-de-grau-antecipada/?fbclid=IwAR2qto8gk3e5Wg1jNibaEje8OwfX8TM7EnWGFKGJonhon3DhFWhaSIAzQ1c>. Acesso em: 24 mar. 2021.

3. Google Arts & Culture disponibiliza trabalhos artísticos e *tour on-line* por espaços culturais:

GOOGLE ARTS & CULTURE. Disponível em: <https://artsandculture.google.com/?hl=en>. Acesso em: 24 mar. 2021.

4. Cirque Du Soleil realiza apresentações *on-line* de 60 minutos:

CIRQUE DU SOLEIL. Disponível em: <https://www.cirquedusoleil.com/cirqueconnect>. Acesso em: 24 mar. 2021.

- Acesse também:

ABEOC BRASIL – Associação Brasileira de Empresas de Eventos. **Pesquisa especial**: impactos recentes do coronavírus no segmento de turismo de negócios e eventos. 2020. Disponível em: <https://abeoc.org.br/wp-content/uploads/2020/05/Pesquisa-impacto-do-coronav%C3%ADrus-UGE-e-Competitividade_v28_4f.pdf>. Acesso em: 24 mar. 2021.

ABEOC BRASIL – Associação Brasileira de Empresas de Eventos; SEBRAE – Serviço Brasileiro de Apoio às Micro e Pequenas Empresas. **II Dimensionamento Econômico da Indústria de Eventos no Brasil**: 2013. São Paulo: Expo Editora, 2014. Disponível em: <http://observatoriodoturismo.uff.br/wp-content/uploads/sites/562/2019/02/eventos.pdf>. Acesso em: 24 mar. 2021.

Para saber mais

- Para conhecer mais sobre eventos, indicamos as seguintes leituras:

BOND, M. T. O.; OLIVEIRA, M. **Organizando eventos**. Curitiba: InterSaberes, 2012. (Coleção Manual do Profissional de Secretariado, v. 4).

CZAJKOWSKI, A.; CZAJKOWSKI JUNIOR, S. **Eventos**: uma estratégia baseada em experiências. Curitiba: InterSaberes, 2017.

MATIAS, M. **Organização de eventos**: procedimentos e técnicas. 6. ed. Barueri: Manole, 2013.

- Para a captação de recursos, indicamos:

HEYMAN, D. R.; BRENNER, L. **Guia prático de captação de recursos**: conheça as principais fontes, estratégias e ferramentas para captar recursos em organizações da sociedade civil. São Paulo: Instituto Filantropia, 2017.

SESI – Serviço Social da Indústria. **Cartilha de elaboração de projetos de captação de recursos**. Curitiba, 2009. Disponível em: <http://www.fiepr.org.br/nospodemosparana/uploadAddress/Cartilha_ODM_Alteracoes_Curvas_Final[33475].pdf>. Acesso em: 24 mar. 2021.

SYMPLA. **Guia básico do captador de patrocínios para eventos**. Disponível em: <https://blog.sympla.com.br/guia-basico-do-captador-de-patrocinios-para-eventos/>. Acesso em: 24 mar. 2021.

- Veja na íntegra a Pesquisa Doação Brasil, que apresenta o perfil do doador brasileiro:

PESQUISA DOAÇÃO BRASIL. Disponível em: <https://www.idis.org.br/pesquisadoacaobrasil/publicacao/>. Acesso em: 24 mar. 2021.

- Para aprender a elaborar um plano de *marketing* e aprimorar seus conhecimentos sobre *marketing* de eventos:

PEÇANHA, V. Plano de marketing: aprenda todas as etapas e componentes essenciais de um planejamento de sucesso. **Rock Content**, 2020. Disponível em: <https://rockcontent.com/blog/como-fazer-um-bom-plano-de-marketing/>. Acesso em: 24 mar. 2021.

RAMOS, A. J. Saiba como fazer marketing para eventos. **Rock Content**, 2019. Disponível em: <https://rockcontent.com/blog/marketing-para-eventos/>. Acesso em: 24 mar. 2021.

Síntese

Os eventos integram um setor que movimenta a economia e interfere direta e indiretamente nos demais setores produtivos. São organizados tendo em vista o público-alvo, a área de interesse e os participantes, sendo necessário considerar as especificidades de cada categoria (social, técnico-científico, artístico etc.) antes do planejamento de cada um deles.

A categoria de eventos virtuais, por sua vez, tal como os eventos presenciais, demanda o cumprimento das etapas de planejamento, organização, execução e finalização, bem como ações nas fases de pré-evento, realização e pós-evento.

Um evento pode contar, ainda, com a necessidade de captar recursos, em fontes tradicionais ou alternativas, para o financiamento de seus custos operacionais. Concomitantemente, sucesso de um evento está atrelado à comunicação estabelecida com o público. Nesse sentido, os organizadores devem valer-se das estratégias de *marketing* e comunicação, definindo, para isso, canais e meios de chegar até seu público, despertar seu interesse e encantá-lo.

Considerações finais

Esta obra é fruto de um trabalho realizado a quatro mãos: duas autoras com personalidades e vivências diferentes unidas no intuito de reunir o melhor de si em um livro. Assim também é nossa prática de assessoria, na qual investimos nosso melhor, a fim de contribuirmos com o trabalho de outras pessoas a partir de nossas experiências e de nossa formação.

Neste projeto, baseamo-nos em autores de referência e em conteúdos atualizados nas áreas de secretariado e de assessoria. Também olhamos para o futuro, pensando a assessoria como campo em expansão, com profissionais polivalentes, resilientes e sintonizados com as demandas e os desafios de seu tempo.

Para tanto, retornamos às origens do secretariado, com os escribas, e traçamos um paralelo entre a evolução do profissional assessor e os grandes marcos históricos, incluindo o reconhecimento legal da profissão, a criação de um código de ética e a fundação de uma federação nacional de secretários no país. Destacamos a nova identidade do profissional de secretariado, pautada nas competências técnica, atitudinal, relacional e analítica.

A partir dessa contextualização, demonstramos a associação entre o secretariado e a assessoria, o que nos permitiu apresentar cinco eixos da assessoria: assessoramento, assessorexe, assessorística, assessorab e assessovirtu. Com base nesses eixos, investigamos a nova realidade do assessor de negócios, tanto nos ambientes organizacionais quanto no trabalho realizado com profissionais liberais.

Evidenciamos a influência das transformações tecnológicas na profissão de assessoria e a expansão da atuação de organizações e profissionais para o ambiente virtual. Apresentamos, ainda, alguns conselhos úteis para o assessor virtual, iniciantes ou não, além das principais atividades desenvolvidas na área, sob a perspectiva de tendências mercadológicas contemporâneas.

Também abordamos as ferramentas tecnológicas e os métodos facilitadores e de suporte às atividades do assessor virtual. Ao falarmos de planejamento, consideramos delimitação de rotina, priorização e otimização de tarefas e registro de informações. Nesse sentido, analisamos diferentes grupos de ferramentas voltadas à gestão de documentos eletrônicos e técnicas de gestão de tempo e produtividade.

Por fim, nosso foco foi a gestão de eventos virtuais, do pré ao pós-evento. Além disso, tratamos sobre captação de recursos e estratégias de comunicação com o público-alvo.

Gostaríamos de reiterar que, desde a concepção desta obra, nossa missão foi tentar transmitir parte dos saberes existentes sobre as assessorias, a fim de que você possa conhecer melhor a profissão, com suas demandas e possibilidades. Esperamos que nossa proposta tenha logrado êxito.

Desejamos, ainda, ter contribuído para a disseminação e para o avanço dos estudos da ciência e das práticas de assessoramento. A busca por conhecimento e crescimento não deve cessar nunca; lembrar disso é o que nos torna profissionais diferenciados no mercado de trabalho.

Referências

ABEOC BRASIL – Associação Brasileira de Empresas de Eventos. **Pesquisa especial**: impactos recentes do coronavírus no segmento de turismo de negócios e eventos. 2020. Disponível em: <https://abeoc.org.br/wp-content/uploads/2020/05/Pesquisa-impacto-do-coronav%C3%ADrus-UGE-e-Competitividade_v28_4f.pdf>. Acesso em: 24 mar. 2021.

ABEOC BRASIL – Associação Brasileira de Empresas de Eventos. **Raio X das empresas de eventos no Brasil 2019**. Florianópolis, 2019. Disponível em: <https://abeoc.org.br/wp-content/uploads/2019/12/RESULTADO-RX-DO-SETOR-DE-EVENTOS_ABEOC-BRASIL_final.pdf>. Acesso em: 24 mar. 2021.

ABEOC BRASIL – Associação Brasileira de Empresas de Eventos; SEBRAE – Serviço Brasileiro de Apoio às Micro e Pequenas Empresas. **II Dimensionamento Econômico da Indústria de Eventos no Brasil**: 2013. São Paulo: Expo Editora, 2014. Disponível em: <http://observatoriodoturismo.uff.br/wp-content/uploads/sites/562/2019/02/eventos.pdf>. Acesso em: 24 mar. 2021.

ABREU, B. M. et al. As diferentes modalidades de trabalho no cotidiano secretarial: trabalho virtual *versus* modelo tradicional de assessoria. **Refas – Revista Fatec Zona Sul**, v. 5, n. 3, p. 25-41, fev. 2019. Disponível em: <http://www.revistarefas.com.br/index.php/RevFATECZS/article/view/260/203>. Acesso em: 24 mar. 2021.

AHREN, T. C. Using Online Annotation Software to Provide Timely Feedback in an Introductory Programming Course. In: ANNUAL FRONTIERS IN EDUCATION, 35., 2005.

ALBERNAZ, C. B. L. **O secretário executivo como gatekeeper da informação**. 381 f. Tese (Doutorado em Ciência da Informação) – Universidade de Brasília, Brasília, 2011. Disponível em: <https://www.repositorio.unb.br/bitstream/10482/10089/1/2011_Claudia BorgesLima%20Albernaz.pdf>. Acesso em: 24 mar. 2021.

ALLEN, D. **The Critically Most Important Place to Start With GTD**. 2020. Disponível em: <https://gettingthingsdone.com/2020/03/important-place-to-start-gtd/>. Acesso em: 24 mar. 2021.

ARARIPE, L. A. Primeira Guerra Mundial. In: MAGNOLI, D. (Org.). **História das guerras**. 3. ed. São Paulo: Contexto, 2006. p. 137-142.

BARROS, C. M. P. A. et al. Virtualidade no mundo do trabalho: um estudo sobre a atuação do secretário executivo virtual. **Revista Expectativa**, Toledo, v. 11, n. 11, p. 59-81, 2012. Disponível em: <http://e-revista.unioeste.br/index.php/expectativa/article/view/7275/5322>. Acesso em: 24 mar. 2021.

BARROS, C. M. P.; SILVA, J. S.; PAIVA, T. F. As competências gerenciais do papel de facilitador na atuação do gestor secretarial. **Revista Gestão em Análise**, Fortaleza, v. 7, n. 2, p. 76-92, jul./dez. 2018. Disponível em: <https://periodicos.unichristus.edu.br/gestao/article/view/1757/778>. Acesso em: 24 mar. 2021.

BOND, M. T. O.; OLIVEIRA, M. **Organizando eventos**. Curitiba: InterSaberes, 2012. (Coleção Manual do Profissional de Secretariado, v. 4).

BOND, M. T.; OLIVEIRA, M. **Manual de secretariado**: conhecendo a profissão. Curitiba: Ibpex, 2009.

BRASIL. Arquivo Nacional. **Classificação, temporalidade e destinação de documentos de arquivo relativos às atividades-meio da administração pública**. Rio de Janeiro, 2001. Disponível em: <http://www.siga.arquivonacional.gov.br/images/publicacoes/cctt_meio.pdf>. Acesso em: 24 mar. 2021.

BRASIL. Arquivo Nacional. **Dicionário brasileiro de terminologia arquivística**. Rio de Janeiro, 2005.

BRASIL. Lei n. 6.556, de 5 de setembro de 1978. **Diário Oficial da União**, Poder Legislativo, Brasília, DF, 5 set. 1978. Disponível em: <http://www.planalto.gov.br/CCIVIL_03/Leis/1970-1979/L6556.htm>. Acesso em: 24 mar. 2021.

BRASIL. Lei n. 7.377, de 30 de setembro de 1985. **Diário Oficial da União**, Poder Legislativo, Brasília, DF, 1º out. 1985. Disponível em: <http://www.planalto.gov.br/ccivil_03/leis/l7377.htm>. Acesso em: 24 mar. 2021.

BRASIL. Lei n. 8.159, de 8 de janeiro de 1991. **Diário Oficial da União**, Poder Legislativo, Brasília, DF, 9 jan. 1991. Disponível em: <http://www.planalto.gov.br/ccivil_03/leis/l8159.htm>. Acesso em: 24 mar. 2021.

BRASIL. Lei n. 9.261, de 10 de janeiro de 1996. **Diário Oficial da União**, Poder Legislativo, Brasília, DF, 11 jan. 1996. Disponível em: <http://www.planalto.gov.br/ccivil_03/leis/l9261.htm>. Acesso em: 24 mar. 2021.

BRASIL. Lei. n. 13.467, de 13 de julho de 2017. **Diário Oficial da União**, Poder Legislativo, Brasília, DF, 14 jul. 2017. Disponível em: <http://www.planalto.gov.br/ccivil_03/_ato2015-2018/2017/lei/l13467.htm>. Acesso em: 24 mar. 2021.

BRASIL. Ministério da Cultura. Fundação Biblioteca Nacional. **Manual de gestão documental**. Rio de Janeiro, 2016. Disponível em: <https://www.bn.gov.br/sites/default/files/documentos/institucionais/demais-documentos-institucionais/manual-gestao-documental-3316.pdf>. Acesso em: 24 mar. 2021.

BRASIL. Ministério da Saúde. **Sobre a doença**. 2020. Disponível em: <https://coronavirus.saude.gov.br/sobre-a-doenca>. Acesso em: 24 mar. 2021.

CAMARGO, F. A. **Captação de recursos**: contexto, principais doadores, financiadores e estratégias. Curitiba: InterSaberes, 2019.

CAMARGO, M. et al. A evolução da área secretarial às ciências da assessoria. **Revista Expectativa Secretariado Executivo**, Toledo, v. 14, n. 14, 2015. Disponível em: <http://e-revista.unioeste.br/index.php/expectativa/article/view/9355/8153>. Acesso em: 24 mar. 2021.

CASTELLS, M. **A era da informação**: economia, sociedade e cultura. São Paulo: Paz e Terra, 1999. v. 1: A sociedade em rede.

CASTELLS, M. A sociedade em rede: do conhecimento à política. In: CASTELLS, M.; CARDOSO (Org.). **A sociedade em rede**: do conhecimento à acção política. Lisboa: Imprensa Nacional/Casa da Moeda, 2006. p. 17-30.

CASTELO, M. J. **A formação acadêmica e a atuação profissional do secretário executivo**. 149 f. Trabalho de Conclusão de Curso (Bacharelado em Secretariado Executivo) – Universidade Estadual de Londrina, Londrina, 2007. Disponível em: <http://www.fenassec.com.br/pdf/artigos_trab_cientificos_a_formacao_academica_e_a_atuacao_profissional_do_secretario_executivo_completa.pdf>. Acesso em: 24 mar. 2021.

CONARQ – Conselho Nacional de Arquivos. **Diretrizes para a gestão arquivística do correio eletrônico corporativo**. 2012. Disponível em: <http://conarq.gov.br/images/publicacoes_textos/Correio_eletronico_completo_2.pdf>. Acesso em: 24 mar. 2021.

COSTA, R. T.; VIANA, I. A. F. Introdução aos fundamentos teóricos da assessoria secretarial: um estudo sobre as vertentes funcionais desta atividade, sob a visão holística da profissão de secretariado. **Revista de Empreendedorismo, Inovação e Tecnologia**, v. 3, n. 1, p. 31-40, 2016. Disponível em: <https://seer.imed.edu.br/index.php/revistasi/article/view/1069>. Acesso em: 24 mar. 2021.

COSTA, T. P.; CHIZZONI, C. C; VAZ, C. F. M. Secretários executivos remotos ou in company: como se apresenta o mercado remoto para os profissionais de secretariado? **Revista do Secretariado Executivo**, Passo Fundo, v. 15, n. 1, p. 62-76, jan./jun. 2019. Disponível em: <http://seer.upf.br/index.php/ser/article/view/8364/114114507>. Acesso em: 23 mar. 2021.

CWT MEETINGS & EVENTS. **2020 Future Trends in Meetings and Events**. 2020. Disponível em: <https://www.cwt-meetings-events.com/story/2020-meetings-and-events-future-trends/>. Acesso em: 24 mar. 2021.

CZAJKOWSKI, A.; CZAJKOWSKI JUNIOR, S. **Eventos**: uma estratégia baseada em experiências. Curitiba: InterSaberes, 2017.

CZAJKOWSKI, A.; MULLER, R.; OLIVEIRA, V. S. **Construindo relacionamentos no contexto organizacional**. Curitiba: InterSaberes, 2019.

DALE, E.; URWICK, L. F. **Organização e assessoria**. São Paulo: Atlas, 1971.

DIETRICH, G. **What is PR?** A Big List of Tactics Pros Use. 2013. Disponível em: <https://www.allbusiness.com/what-is-pr-a-big-list-of-tactics-pros-use-3388-1.html#.UZTZmitASXs>. Acesso em: 24 mar. 2021.

DORNELAS, J. **Empreendedorismo**: transformando ideias em negócios. 6. ed. São Paulo: Empreende/Atlas, 2017.

DURAND, T. L'alchimie de la compétence. **Revue Française de Gestion**, n. 127, p. 84-102, jan./fév. 2000. Disponível em: <https://www.researchgate.net/publication/251010834_L'alchimie_de_la_competence>. Acesso em: 24 mar. 2021.

DURANTE, D. G. **Tópicos especiais em técnicas de secretariado**. Curitiba: Iesde, 2012.

ELROD, H. **O milagre da manhã**: o segredo para transformar sua vida (antes das 8 horas). Rio de Janeiro: Best Seller, 2016.

FANZERES, N.; LIMA, L. C. Evidências da adaptação de profissionais de secretariado ao trabalho virtual. **Revista de Gestão e Secretariado**, São Paulo, v. 9, n. 1, p. 42-64, jan./abr. 2018. Disponível em: <https://www.revistagesec.org.br/secretariado/article/view/634/pdf>. Acesso em: 24 mar. 2021.

FENASSEC – Federação Nacional das Secretárias e Secretários. Código de Ética do Profissional de Secretariado. **Diário Oficial da União**, Brasília, DF, 7 jul. 1989. Disponível em: <https://www.fenassec.com.br/b_osecretariado_codigo_etica.html>. Acesso em: 24 mar. 2021.

FENASSEC – Federação Nacional das Secretárias e Secretários. **Dia Nacional da(o) Secretária(o)**. Disponível em: <https://www.fenassec.com.br/b_osecretariado_dia_secretaria.html>. Acesso em: 24 mar. 2021.

FERREIRA JÚNIOR, J. C. Telecommuting: o paradigma de um novo estilo de trabalho. **Revista de Administração de Empresas**, v. 40, n. 3, p. 8-17, 2000. Disponível em: <https://rae.fgv.br/sites/rae.fgv.br/files/artigos/10.1590_S0034-75902000000300013.pdf>. Acesso em: 24 mar. 2021.

GOOGLE; IAT – Integrated Analytical Team. **Coronavírus**: o mundo nunca mais será o mesmo. Insider Report 2020.

GTD – Getting Things Done. **GTD Workflow Map**: Condensed Color Version. 2014. Disponível em: <https://gettingthingsdone.com/wp-content/uploads/2014/10/workflow_map.pdf>. Acesso em: 24 mar. 2021.

GTD – Getting Things Done. **What is GTD?** Disponível em: <https://gettingthingsdone.com/what-is-gtd/>. Acesso em: 24 mar. 2021.

HEYMAN, D. R.; BRENNER, L. **Guia prático de captação de recursos**: conheça as principais fontes, estratégias e ferramentas para captar recursos em organizações da sociedade civil. São Paulo: Instituto Filantropia, 2017.

HOPP, M. I. R. Conflitos entre assessores e administradores de linha. **Revista de Administração de Empresas**, São Paulo, v. 5, n. 15, p. 105-113, jun. 1965. Disponível em: <https://rae.fgv.br/sites/rae.fgv.br/files/artigos/10.1590_S0034-75901965001500006.pdf>. Acesso em: 24 mar. 2021.

HUNT, E. K.; SHERMAN, H. J. **História do pensamento econômico**. 24. ed. Petrópolis: Vozes, 2008.

IDIS – Instituto para o Desenvolvimento do Investimento Social. **Pesquisa Doação Brasil**. 2015. Disponível em: <http://idis.org.br/pesquisadoacaobrasil/publicacao/>. Acesso em: 24 mar. 2021.

ILO – International Labour Organization. Infographic: **Potential Benefits and Challenges of Telework**. 11 Mar. 2020. Disponível em: <https://www.ilo.org/hanoi/Whatwedo/Publications/WCMS_738257/lang en/index.htm>. Acesso em: 24 mar. 2021.

INOVAÇÃO SEBRAE MINAS. **4 técnicas de produtividade que funcionam**. 2018. Disponível em: <https://inovacaosebraeminas.com.br/4-tecnicas-de-produtividade/>. Acesso em: 24 mar. 2021.

LABORIE, K; STONE, T. Interact + Engage: Use these Strategies to Elicit Engagement During Live Online Training Events. **TD Magazine**, v. 70, n. 1, p. 36, jan. 2016.

LÉVY, P. **O que é o virtual**. São Paulo: Ed. 34, 1996.

LUKOWER, A. **Cerimonial e protocolo**. 4. ed. rev. ampl. São Paulo: Contexto, 2015.

MAIA, F. L.; OLIVEIRA, V. S. **Secretariado em pauta**: técnicas de assessoria e métodos de organização. Curitiba: InterSaberes, 2015.

MAQUIAVEL, N. **O príncipe**. 18. ed. São Paulo: M. Claret, 2002.

MATIAS, M. **Organização de eventos**: procedimentos e técnicas. 6. ed. Barueri: Manole, 2013.

MELO NETO, F. P. de. **Criatividade em eventos**. 5. ed. São Paulo: Contexto, 2012.

MICROSOFT AZURE. **O que é armazenamento em nuvem**. Disponível em: <https://azure.microsoft.com/pt-br/overview/what-is-cloud-storage/>. Acesso em: 24 mar. 2021.

MIRANDA, R. S., NONATO JÚNIOR, R. Tradução/versão de documentos: atividade do secretário executivo no eixo da assessorística. **Revista do Secretariado Executivo**, Passo Fundo, v. 15, n. 1, p. 77-91, jan./jun. 2019. Disponível em: <http://seer.upf.br/index.php/ser/article/view/8456/114114508>. Acesso em: 24 mar. 2021.

MORAES, P. E. S.; OLIVEIRA, V. S. **Gestão da informação e arquivística no contexto secretarial**. Curitiba: InterSaberes, 2015.

NAKAGAWA, M. **Ferramenta**: matriz de gestão de tempo. Disponível em: <http://info.endeavor.org.br/tp-ferramenta-matriz-tempo>. Acesso em: 24 mar. 2021.

NAKANE, A. M. **Gestão e organização de eventos**. São Paulo: Pearson, 2017.

NONATO JÚNIOR, R. Objeto de estudo em secretariado executivo: horizonte para a pesquisa das assessorias. In: ENCONTRO NACIONAL ACADÊMICO DE SECRETARIADO EXECUTIVO, 2., 2011, Passo Fundo. **Anais**... São Paulo: ABPSEC, 2011. Disponível em: <https://abpsec.com.br/?page_id=1724>. Acesso em: 24 mar. 2021.

NONATO JÚNIOR, R. **Epistemologia e teoria do conhecimento em secretariado executivo**: a fundação das ciências da assessoria. Fortaleza: Expressão Gráfica, 2009.

OHUB. **Gestão de documentos digitais**: 10 dicas para organizar facilmente. Disponível em: <https://www.ohub.com.br/ideias/gestao-de-documentos-digitais/>. Acesso em: 24 mar. 2021.

OPAS – Organização Pan-Americana da Saúde. **Folha Informativa**: COVID-19. 12 fev. 2021. Disponível em: <https://www.paho.org/bra/index.php?option=com_content&view=article&id=6101:covid19&Itemid=875>. Acesso em: 24 mar. 2021..

PAES, M. L. **Arquivo**: teoria e prática. 3. ed. rev. e ampl. Rio de Janeiro: Ed. da FGV, 2004.

PAES, R. V. O.; MÜLLER, R. Gestão de conhecimento e assessoria executiva: uma pesquisa com os profissionais de secretariado executivo atuantes na Universidade Federal do Pará. **Revista Expectativa Secretariado Executivo**, Toledo, v. 14, n. 14, 2015. Disponível em: <http://e-revista.unioeste.br/index.php/expectativa/article/view/10361/8214>. Acesso em: 24 mar. 2021.

PAES, R. V. O.; SANTIAGO, C. da S. Assessoramento remoto por meio de escritórios virtuais: uma categorização de serviços prestados. **Revista de Gestão e Secretariado**, v. 11, n. 1, p. 41-62, abr. 2020. Disponível em: <https://www.revistagesec.org.br/secretariado/article/view/1055/pdf>. Acesso em: 24 mar. 2021.

PASCOAL, C. **A evolução do crowdfunding no Brasil e no mundo**. 2015. Disponível em: <https://blog.kickante.com.br/a-evolucao-do-crowdfunding-no-brasil-e-no-mundo/>. Acesso em: 24 mar. 2021.

PEREIRA, H. J. **Os novos modelos de gestão**: análise e algumas práticas em empresas brasileiras. Tese (Doutorado em Administração) – Fundação Getulio Vargas, São Paulo, 1995. Disponível em: <http://bibliotecadigital.fgv.br/dspace/handle/10438/4577>. Acesso em: 24 mar. 2021.

POZZER, K. M. P. Escritas e escribas: o cuneiforme no antigo Oriente Próximo. **Classica**, São Paulo, v. 11/12, n. 11/12, p. 61-80, 1998/1999. Disponível em: <https://revista.classica.org.br/classica/article/view/449/389>. Acesso em: 24 mar. 2021.

PRADO, G. Histórico da profissão de secretariado. In: D'ELIA, B.; ALMEIDA, W. (Org.). **O futuro do secretariado**: educação e profissionalismo. São Paulo: Literare Books International, 2019. E-book.

RAMOS, A. J. Saiba como fazer marketing para eventos. **Rock Content**, 2019. Disponível em: <https://rockcontent.com/blog/marketing-para-eventos/>. Acesso em: 24 mar. 2021.

ROBERTSON, M. M.; MOSIER, K. Work from Home: Human Factors/Ergonomics Considerations for Teleworking. **International Labour Organization**, 20 Apr. 2020. Disponível em: <https://www.ilo.org/global/topics/safety-and-health-at-work/events-training/events-meetings/world-day-safety-health-at-work/WCMS_742061/lang en/index.htm>. Acesso em: 24 mar. 2021.

RODRIGUES, F. 11 Ferramentas para garantir uma boa gestão do seu evento. **Rock Content**, 2018. Disponível em: <https://rockcontent.com/blog/ferramentas-para-gestao-eventos/>. Acesso em: 24 mar. 2021.

SABINO, R. F.; MARCHELLI, P. S. O debate teórico-metodológico no campo do secretariado: pluralismos e singularidades. **Cadernos EBAPE.BR**, Rio de Janeiro, v. 7, n. 4, dez. 2009. Disponível em: <http://www.scielo.br/scielo.php?script=sci_arttext&pid=S1679-39512009000400006&lng=pt&nrm=iso>. Acesso em: 24 mar. 2021.

SAMPAIO, J. **Para uma concepção crítica das técnicas secretariais**: quando o exercício profissional vai além das rotinas administrativas. 6 abr. 2018. Disponível em: <http://www.jeffersonsampaio.com/2018/04/para-uma-concepcao-critica-das-tecnicas.html>. Acesso em: 24 mar. 2021.

SÃO PAULO (Estado). Lei n. 1.421, de 26 de outubro de 1977. **Diário Oficial do Estado de São Paulo**, Poder Executivo, São Paulo, SP, 27 out. 1977. Disponível em: <https://sinsesp.com.br/lei-que-instituiu-o-dia-dao-secretariao/>. Acesso em: 24 mar. 2021.

SESI – Serviço Social da Indústria. **Cartilha de elaboração de projetos para captação de recursos**. Curitiba, 2009. Disponível em: <http://www.fiepr.org.br/nospodemosparana/uploadAddress/Cartilha_ODM_Alteracoes_Curvas_Final[33475].pdf>. Acesso em: 24 mar. 2021.

SOBRATT – Sociedade Brasileira de Teletrabalho e Teleatividades. **Cartilha de orientação para implantação do teletrabalho e home office**. 2017. Disponível em: <http://www.sobratt.org.br/index.php/08072016-sobratt-lanca-cartilha-de-orientacao-para-implantacao-do-teletrabalho-e-home-office/>. Acesso em: 24 mar. 2021.

TOFFLER, A. A. **The Third Wave**. New York: William Morrow and Company, 1980.

VILAÇA, M. L. C.; ARAUJO, E. V. F. (Org.). **Tecnologia, sociedade e educação na era digital**. Rio de Janeiro: Unigranrio, 2016.

XAVIER, T. Aumente a produtividade do seu time com a Matriz de Eisenhower. **Rock Content**, 27 nov. 2018. Disponível em: <https://rockcontent.com/blog/matriz-de-eisenhower/>. Acesso em: 24 mar. 2021.

Sobre as autoras

Rafaela Aparecida de Almeida

Secretária executiva bilíngue pelo Centro Universitário Diocesano do Sudoeste do Paraná (UNICS). Especialista em Negócios Internacionais pelo Centro Universitário Internacional Uninter. Mestra e doutoranda em Gestão Urbana pela Pontifícia Universidade Católica do Paraná (PUCPR). É membro do corpo editorial da *Revista Brasileira de Gestão Urbana – URBE*. Atuou por 12 anos em ambiente organizacional como analista de comércio exterior. Atua como docente nos cursos de Secretariado, Administração e Logística desde 2012. Atualmente, é docente no curso de Secretariado e Assessoria Executiva Digital.

Flávia Roberta Fernandes

Secretária executiva pelo Centro Universitário Autônomo do Brasil (UniBrasil). Especialista em *Marketing* Estratégico com ênfase em Gestão Comercial e de Varejo pelo UniBrasil. Mestra em Ciência, Gestão e Tecnologia da Informação pela Universidade Federal do Paraná (UFPR). Doutoranda em Gestão da Informação pela UFPR. Atuou por dez anos como secretária executiva de diretoria, e por três anos como analista de projetos comunitários na Pontifícia Universidade Católica do Paraná (PUCPR). Pesquisadora associada ao Instituto Brasileiro de Estudos e Pesquisas Sociais. Docente no curso de Secretariado e Assessoria Executiva Digital desde 2019.

Os papéis utilizados neste livro, certificados por
instituições ambientais competentes, são recicláveis,
provenientes de fontes renováveis e, portanto, um meio
responsável e natural de informação e conhecimento.

FSC
www.fsc.org
MISTO
Papel produzido
a partir de
fontes responsáveis
FSC® C103535

Impressão: Reproset
Junho/2021